中国の百年目標を実現する

第13次

The 13th five-year plan of People's Republic of China

五カ年計画

十三五計画立案担当者の１人
胡鞍鋼［著］
Hu Angang

日中翻訳学院
小森谷玲子［訳］

日本僑報社

序文　中国の百年目標

２０１５年10月に開催された中国共産党第18期中央委員会第５回全体会議は、中国が「全面的な小康社会の実現」を達成できるかどうかを決める重要な会議であり、「中国共産党、中央委員会による国民経済と社会発展のための『第13次五カ年計画』策定に関する建議（提言）」（計2万２０１７字）が採択された（以下、「建議」）。習近平総書記はこの時、「建議」に対して、特別に「説明」（計９１２２字）を加え、この「説明」により、「建議」における、党および国家の戦略意図が明確になった。すなわち、発展のための指導理念が明らかになり、基本原則が示され、発展理念が創出されたのである。これは、２０２０年に向けた中国の発展の壮大な青写真であり、「第13次五カ年計画」策定の基礎となるものである。

本書は、6章からなる。第1章は、「第12次五カ年計画」の評価、第2章は、「第13次五カ年計画」の位置づけ、第3章は、「五大発展理念」は、どのように「第13次五カ年計画」の道案内になるか、第4章は、「第13次五カ年計画」の発展目標、発展戦略、重要なインフラ、重要な建設プロジェクトについてのまとめ、第5章は、「第12次五カ年計画」と「第13次五カ年計画」の比較、第6章は、中間総括、すなわち、「全面的な小康社会の実現」についてである。

目次

第1章　「第12次五カ年計画」の評価

「第12次五カ年計画」（２０１１～２０１５年）の評価方法としては、鄧小平が唱えた中国の発展のための「ステップアップ論」を使うのが最適だろう。鄧小平は、90年代初期にはすでに、「中国は、数年おきに一歩ずつステップアップしていかなくてはならない」と述べている。「数年」というのがあいまいではあるが、振り返ってみると、基本的には五カ年計画ごとにステップアップしてきたといえる。そこで、この章では、この理論を基にして、この5年間、中国がどのように奇跡的な発展を遂げてきたかを解説していく。全体会議で策定される五カ年計画ごとに、中国がさまざまな方面でステップアップしてきたことは、国内外ですでに共通認識となっている。世界における主要な経済社会指標を見ると、世界ランキングは年々上昇している。経済力を例にあげると、世界の十大経済大国だったのが世界トップクラスの経済大国になり、また、世界に占めるＧＤＰの割合は、現在も上昇中である。確かに、２０１５年の中国の経済成長率は６・９％に下がり、過去25年間で最低であった。しかし、全世界の経済体の中では依然として上位にあり、世界の２４０カ国を相手にして、今も勝ち続けているという事実に変わりはない。

これこそ、全世界が中国の五カ年計画、特に、２０１６年からの「第13次五カ年計画」（２０１６～２０２０年）に注目している理由であろう。この章では、「ステップアップ論」を用いて、「第12次五カ年計画」における中国の発展を評価してみよう。また、この「ステップアップ論」によって、「第13次五カ年計画」における中国の発展の見通しを立てることもできる。

まず、党中央がそれぞれの時期に、どんな目標を立てたかを見てみる。

２００２年の第16回全国代表大会「報告」では、２０２０年までの目標を明確に打ち出した。それは、ＧＤＰを２０００年の４倍にし、総合国力と国際競争力を増強することで、十数億の国民に対して更に高い水準の小康社会を全面的に築きあげる、というものだった。この「報告」および、第16期中央委員会第５回全体会議の「建議」に基づき、２００６年からの「第11次五カ年計画」が策定された。

２００７年の第17回全国代表大会「報告」では、全面的な小康社会を実現するために、更に具体的な目標を追加した。それは、２０２０年までに、１人当たりのＧＤＰを２０００年の４倍にするというものである。２０１０年10月、中国共産党第17回全国代表大会の「建議」で出された「第12次五カ年計画」の目標は、経済社会の発展と、総合国力のステップアップだった。

これに対して、第18期中央委員会第５回全体会議では、以下のように評価している。「第12次五カ年計画」の期間は、中国が特別に発展した時期だった。極めて複雑な国際情勢と、非常に難しい国内情勢の中で、改革発展を安定的に進めなければならなかった。しかし、党は中国の全民族を団結させ、リードし、全力で党と国家事業発展の新局面を切り開くことによって、大きな成果を収めた。つまり、経済力、科学技術力、国防力、国際影響力、そして、総合国力が全て、大きくステップアップし、それが、「第12次五カ年計画」目標の達成につながったのである。

次に、国際的な面から、経済と貿易について第三者的な評価をしてみる。

・経済力がステップアップし、世界のトップグループに入った

まず、2010年、為替レートで換算すると、中国は日本にとって代わり、世界第2位の経済国になった。2010年と2015年を比べると、GDPは6・04兆ドルから11・38兆ドルに増加し、世界に占める割合は、9・2%から5・2ポイント上昇して14・4%に増加、年平均増加率は1・04%になった。中国は、GDPが

表1 世界に占める中国のGDPの割合（2010～2020）

単位：%

	2010	2015	2020	2010-2015 変化量	2015-2020 変化量
GDP（為替レート）	9.2 (2)	14.4 (2)	約20	5.2	約5.6
GDP（購買力平価）	14.0 (2)	17.2 (1)	>20	3.2	>2.8

注：() 記号は世界ランキング。
データ出所：2010～2015年は世界銀行データバンク（World Bank Open Data）、http://data.worldbank.org/、IMF（国際通貨基金）データベース（World Economic Outlook Databank）、http://www.imf.org/en/data。2020年のデータは筆者の推計。

10兆ドルを超えるという、世界第2位の経済大国となったのだ。購買力平価（PPP）で換算すると、中国のGDPは12・35兆ドルから19・50兆ドルに増加し、アメリカのGDPである17・97兆ドルを超えた。世界に占める割合は、14・0％から3・2ポイント上昇して17・2％に増加し、年平均増加率は0・64％であった。為替レートにせよ、購買力平価にせよ、2020年には、世界に占める中国のGDPの割合は20％以上になるだろう（表1参照）。

次に、貨物の輸出入総額が、2010年、中国はドイツに代わり世界第2位となった。その総額は2・97兆ドルで、2014年には4・30兆ドルに増加し、アメリカの4・03兆ドルを上回った。世界に占める割合も、9・65%から1・69ポイント上昇して11・34%に増加し、年平均増加率は0・42%であった（表2参照）。そして、2013年には、アメリカに代わって世界一の貿易大国となった（ちなみに、アメリカがイギリスに代わって世界一の貿易大国になったのは、ちょうど100年前の1913年だった）。中国はすでに、アメリカを含めた世界の200近い国家や地区の第1、2、3位の貿易相手国である。2015年、世界に占める中国の輸出額の割合は13・2%になり、サービス貿易に関しては、世界第2位になる見込みである。

最後に、外貨準備高についてである。中国は、9年連続で安定した世界一の座にあり、2011年は1兆ドルを突破、2014年には3・84兆ドルに達し、その増加率は35・0%である。

中国は今や、世界で3本の指に入る経済大国であり貿易大国である。経済力におい

表2 世界に占める中国の貨物輸出入の割合
(2010～2014)

単位：%

	2010	2014	2010-2014 変化量
貨物輸出	10.31 (1)	12.37 (1)	2.06
貨物輸入	9.00 (2)	10.30 (2)	1.30
貨物輸出入	9.65 (2)	11.34 (1)	1.69

注：( )記号は世界ランキング。
データ出所：ＷＴＯ（世界貿易機関）データベース、WTO Statistics Database、http://stat.wto.org/StatisticalProgram/WSDBStatProgramHome.aspx?Language=E。

ては、世界のトップグループ入りを果たし、アメリカやEUと肩を並べるほどになった。「第13次五カ年計画」の終わる2020年頃には、アメリカとEUを追い抜く可能性もある。

・科学技術力がステップアップし、世界のトップグループに入った

ここでいう科学技術力とは、科学的な革新力、技術的な革新力、科学技術への投資力および社会に通用する最新技術力の総合能力を指す。具体的な指標は、国際的に発表された科学技術論文数、国内に居住する者の発明特許の申請数、研究開発費の投資総額、インターネットユーザー数である。この科学技術力に関しても、中国は5年ごとにステップアップをしてきている。世界に占める中国の科学技術力の割合は、2000年は3・85％であり、アメリカとの差は7・01倍もあった。2005年に4・52ポイント上昇して8・37％となり、アメリカとの差は2・88倍に縮小、2010年には7・63ポイント上昇して16・00％と、アメリカとの差が更に縮小し1・31倍になった。そして、2014年は7・49ポイント上昇して、23・49％となり、ついに、アメリカを追い抜き、アメリカの1・22倍となったのだ。指標の中でも、インターネットユーザー数、国内に居住する者の発明特許の申請数はアメリカより多く、それぞれ、2・41倍、1・70倍であった。また、中国の研究開発費の投資総額は、この数年、イギリス、フランス、ドイツ、日本を上回り、アメリカに次ぐ世界第2位の科学技術投資国となった。世界に占める割合は、2010年の11・65％から、2014年は18・01％となり、

表3 世界全体に占める中国とアメリカの科学技術力の割合（2000～2014）

単位：%

	2000	2005	2010	2011	2012	2013	2014
研究開発費の投資総額							
中国	3.29	6.63	11.65	12.67	14.28	16.07	18.01
アメリカ	26.68	24.92	21.96	21.42	21.45	21.45	21.45
アメリカ／中国	8.11	3.76	1.88	1.69	1.50	1.33	1.19
インターネットユーザー数							
中国	5.43	10.84	22.83	23.23	23.08	22.97	22.93
アメリカ	29.42	19.59	11.03	9.81	10.06	9.85	9.50
アメリカ／中国	5.41	1.81	0.48	0.42	0.44	0.43	0.41
国内居住者の発明特許の申請数							
中国	3.77	10.18	19.59	24.39	27.70	32.13	37.89
アメリカ	21.48	22.95	24.55	23.34	23.03	22.26	22.32
アメリカ／中国	5.70	2.25	1.25	0.96	0.83	0.69	0.59
国際科学技術論文の発表数							
中国	2.92	5.83	9.92	10.67	11.98	13.45	15.11
アメリカ	30.43	28.78	26.14	25.27	24.81	24.36	23.92
アメリカ／中国	10.42	4.94	2.64	2.37	2.07	1.82	1.58
科学技術力							
中国	3.85	8.37	16.00	17.74	19.26	21.16	23.49
アメリカ	27.00	24.06	20.92	19.96	19.84	19.48	19.30
アメリカ／中国	7.01	2.88	1.31	1.13	1.03	0.92	0.82

データ出所：世界銀行データバンク（World Bank Open Data）、http://data.worldbank.org/、WIPO（世界知的所有権機関）データベース、WIPO IP Statistics Data Center、http://ipstats.wipo.int/ipstatv2/、OECD（経済協力開発機構）データベース、OECD data、https://data.oecd.org/、ITU（国際電気通信連合）データベース、International Telecommunication Union Aggregate data、http://www.itu.int/en/ITU-D/Statistics/Pages/stat/default.aspx。

２０２０年頃には、アメリカを追い抜く見通しである（表3参照）。

確かに、科学技術力は科学技術レベルとは同じではない。しかし、中国の科学技術レベルも大幅に上がってきており、アメリカとの差も縮小している。経済協力開発機構（ＯＥＣＤ）が発表した「２０１５年科学技術と工業のスコアシートランキング」によると、２００３年から２０１２年までの10年間で、世界で発表された科学技術論文数は、年平均８％増加した。同時期、アメリカは50％も増加したが、中国は更に、アメリカの3倍以上も増加したのである。統計によれば、２０１２年だけを見ても、中国は40万９０００本の科学技術論文を発表しており、数の上では第1位のアメリカと僅差である。被引用回数が世界の上位10％に入る論文は「優秀論文」と呼ばれるが、２０１２年の中国の９％の論文が「優秀論文」であり、その比率は日本と変わらない。数量で比較すると、第3位のイギリスより７０００本多く、アメリカに次ぐ第2位である。「ネイチャー・パブリッシング・グループ（ＮＰＧ）」が発表した「転換期にある中国科学研究白書」（２０１５年11月25日）の中の、ネイチャー・インデックス（科学雑誌で公開された論文の貢献度を表すデータベース）によると、科学研究成果における中国の貢献度は世界第2位である。これは、中国の科学技術レベルが高い水準にあるということをはっきりと示している。被引用回数の多い論文による貢献度は、数の上では、アメリカに次ぐ2位だが、中国には、まだまだ潜在力があると思われる。

しかしながら、ハイレベルの科学技術力に欠けている領域もある、なぜなら学術的な影響力を示す被引用回数の影響指数を見ると、中国は世界の平均レベルに及ばない領域がまだ多くあるからだ。これは、世界の研究開発投資額に占める中国の基礎研究投資額の割合（４～６％）が低すぎることと大きく関係している。このため、政府は基礎研究に対して、長期的で安定した、しかも思い切った投資をしていかなくてはならない。

中国の科学技術力は世界でもトップグループとなり、科学技術レベルでも第2グループに入った。これは、2020年までに、新しいタイプの国家を築くための強固な基礎となるだろう。

・中国の軍事力がステップアップし、世界の第2グループに入った

クレディ・スイス銀行の「グローバル化は終結するか、多極化するか」（2015年9月）という研究報告では、国家の軍事力を示す指数を、通常の武装兵力（軍隊人数5％、戦車10％、ヘリコプター15％、戦闘機20％、空母および潜水艦20％）と核兵器から計算している。これによると、中国の軍事力は、日本とインドを上回り、アメリカ、ロシアに次ぐ世界第3位である。93閲兵式では、中国の軍事力を世界中にアピールし、全世界の注目を浴びた。例えば、イギリスの「エコノミスト」（2015年9月5日~11日）という週刊誌は特集を組み、中国のミサイル射程や数量などについて

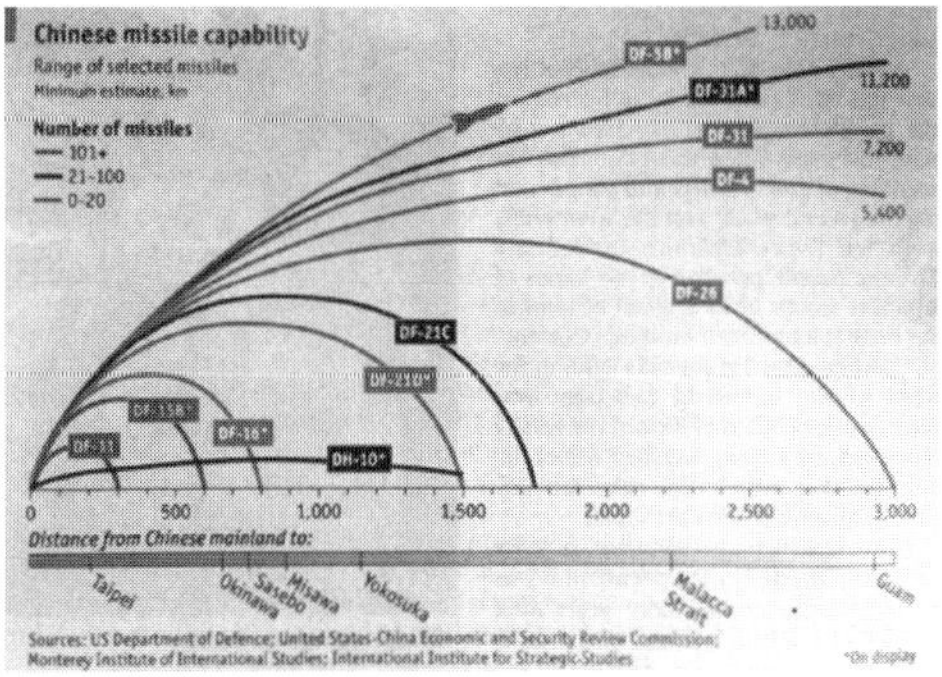

図１ 中国のミサイル射程と数量

出典：『エコノミスト（The Economist）』2015 年 9 月 5 ～ 11 日

専門的な分析をしたほどだ（図1参照）。

以上のことから、過去10年間、特に「第12次五カ年計画」期間に、中国の軍事力も、大きくステップアップしたといえる。これが、党中央の「建議」で軍事力が筆頭にあげられた理由であろう。

・国際的な影響力がステップアップし、世界で大国としての役割を担うようになった

「第12次五カ年計画」の期間は、中国の世界的な地位が根本的に変化した時期だった。世界経済の中心となり、世界経済発展の最大の牽引

力となり、国際影響力の面でも、ソフトパワー（軍事力・経済力以外の力による対外影響力）の面でステップアップしたのである。

社会状況や国内外の状況の変化により、中国と世界の関係が根本的に変化し、中国が進める経済のグローバル化の基礎と条件にも重大な変化が起きた。これが、中国の全面的な対外開放と、世界統治に関与するための確固たる基礎となった。また、各国への訪問や国際会議の出席にも積極的であった。2013年、習近平総書記は14カ国、チャイナセブン（党中央政治局常務委員会の第18期常務委員として任命された7名の幹部の総称。習近平総書記と李克強首相を含む）は32カ国を訪問、2014年、習近平総書記は7回海外に赴き、5大陸18カ国を訪問、チャイナセブンは、6大陸46カ国を訪問、2015年、習近平総書記は4大陸14カ国を訪問、李克強首相は、3大陸9カ国を訪問した。国際会議の出席については、2013年、習近平総書記は4回、チャイナセブンは、国際会議と地域間の会議に10回、2014年、習近平総書記は4回、チャイナセブンは、

表４　習近平総書記、李克強首相の
外国訪問および国際会議出席回数（2015年）

単位：回

		習近平総書記	李克強首相	合計
外国訪問	アジア	6	2	8
	ヨーロッパ	5	3	8
	アフリカ	2	0	2
	中南米	0	4	4
	北米	1	0	1
	合　計	14	9	23
国際会議出席		7	5	12

データ出所：人民網の指導者活動報道。

国際会議と地域間の会議に12回、２０１５年、習近平総書記は７回、李克強首相は、国際会議と地域間の会議に５回出席した（表４参照）。

習近平総書記は、「ウィンウィン主義」を盛んに提唱している。これは、中国が新しいタイプの国家と国際関係の構築、世界統治への全面的な関与、大国としての責務、世界的な公共財の積極的な提供を通して、大国としてのリーダーシップを担おうとするものである。更に、「中国の提唱」を次々に発表している。これらは全て、「一帯一路（シルクロード経済圏構想と21世紀海上シルクロード）」を実現するためのビジョンと行動である。具体的には、シルクロード基金、アジアインフラ投資銀行（ＡＩＩＢ）、新開発銀行を設立し、多角的な金融機構設立の先駆けとなること、また、後発発展途上国に対する投資の増加、関係する後発発展途上国、内陸発展途上国、小島嶼発展途上国に対して２０１５年末期限で政府間無利子貸付の未返済債務を免除すること、国際発展知識センターなどの設立、中国・国連の平和発展基金の設立の宣言など、である。また、世界の多数の地区に２７０人余りの平和維持人員も駐在させている。更に、国連の予算に対する割合も高めており、２０００年以前は０・99％であったのが、２００１年から２００３年で１・54％、２００７年から２００８年で2・67％、２０１３から２０１５年には5・15％となり、２０１６年から２０１８年は、７・92％に増加する見通しである。

国際通貨基金（ＩＭＦ）は、以下のように宣言している。人民元を特別引出権（ＳＤＲ）の貨幣バスケットに組み入れ、その場合、人民元の割合は10・92％になり、ドル、ユーロに続く、第3位になる（表5参照）。２０１６年10月1日に正式に発効される予定で

表5 特別引出権（SDR）の構成

単位：%

貨幣	旧SDR	新SDR	変化量
米ドル	41.9	41.73	-0.17
ユーロ	37.4	30.93	-6.47
人民元	0	10.92	10.92
日本円	9.4	8.33	-1.07
英ポンド	11.3	8.09	-3.21

データ出所：IMF（国際通貨基金）データベース、World Economic Outlook Databank、http://www.imf.org/en/data。

あり、人民元は、ドル、ユーロ、英ポンド、円に次ぐ5番目の「国際通貨」になるのだ。決済通貨に関しても、国際銀行間通信協会（SWIFT）のデータによると、2015年8月、決済通貨において、人民元は初めて円を追い抜き、世界第4位になった。市場占有率は2・79％に増加し、世界の貿易に占める割合は、約12％となった。今後も、人民元の国際間の決済量は、大幅に増加していくと思われる。

中国が国際的に最も影響力を及ぼしたのは、パリ気候変動会議で、中国気候変動南南協力基金（200億人民元を投資）の設立を提出した時だ。習近平総書記は同会議で、世界の気候変動に対応するシステムをつくり、気候を管理していく、という主張をした。その結果、アメリカ、カナダ、EUと共同で提出した目標は、アフリカ諸国が提出したものより更に厳格な、「世界の気温上昇を2度未満に抑える」というものであった。これは、世界で最も厳しい温室効果ガス削減計画であり、中国の働きかけで実現したといってよいだろう。

アメリカの専門家も、世界に対する中国の経済と政治の影響力は、更に強くなると評価している。事実、中国はすでに「中国の10年」に一歩踏み出しており、今後は全世界に、その影響力を広げていくだろう。また、世界中が重視せざるを得ない力を持ち、国際機関で重要な役割を果たすことになるだろう。中国の地縁的な政治環境も有利に働くと思われる。

中国は今まで、現在のような世界の舞台の中心に立ったことがなかった。しかし現在は、世界平和発展の中堅として、巨大なプラスエネルギーを発揮し、さまざまな正の外部性（経済活動が、無関係な人に影響を及ぼすこと）をもたらしている。

・総合国力がステップアップし、世界のトップグループに入った

ここでいう総合国力とは、「国家の戦略目標を追求するために行動する総合的能力であり、戦略資源は、その中核となる要素と物質の基礎から構成されるもの」である。そこで、8大国家戦略資源（経済、自然、人、資本、知識、政府、軍事、国際資源）と重要な17項目の指標から計算したものを総合国力とし、１９９０年から２０１４年までの、世界に占める中国とアメリカの総合国力の割合を算出した。その結果、中国は年々増加しており、２０１０年から２０１４年までは、14・10%から3・03ポイント上昇し、17・13%に増加、１年当たり０・76%増加していた。アメリカとの差は１・17倍から０・89倍へ縮小した（表6参照）。予測では、２０２０年までに、世界に占める中国の総合国力の割合は20%を上回る見通しである。

第16期代表大会「報告」を顧みると、その時出された「富民（小康社会）と強国（総合国力）」という目標は、期限前に達成することができた。この中の「強国」と

表6　世界全体に占める中国とアメリカの総合国力の割合（1990～2014）

単位：％

総合国力	1990	2000	2005	2010	2014
中国	5.64	8.09	10.50	14.10	17.13
アメリカ	22.71	20.92	19.30	16.45	15.25
アメリカ／中国（倍）	4.03	2.59	1.84	1.17	0.89

データ出所：世界銀行データバンク、World Bank Open Data、http://data.worldbank.org/、ＷＴＯ（世界貿易機関）データベース、WTO Statistics Database、http://stat.wto.org/StatisticalProgram/WSDBStatProgramHome.aspx?Language=E、国連の人口統計年鑑システム、Demographic Yearbook systemUN, Demographic Yearbook system、http://www.un.org/en/development/desa/population/publications/database/index.shtml、WIPO（世界知的所有権機関）データベース、WIPO IP Statistics Data Center、http://ipstats.wipo.int/ipstatv2/。
計算協力：鄭雲峰同志

いう目標は、２０２０年までにＧＤＰを２０００年の４倍にすることである。この十数年間で、総合国力と国際競争力が増強されたのは明らかであり、２０１６年にはＧＤＰが４倍になる見通しである。すなわち、予定より早く目標を実現することになるのである。実際、筆者が１９９８年に出した「20年後には、アメリカとの総合国力の差を現在の３倍から2倍以内にし、その強大な総合国力を基に、リーダーシップを持った世界強国になる」という目標も、すでに達成している。

当時、国家計画委員会主任であった曾培炎氏も、２０２０年までの3大目標を示した。一つ目は、「富民」である。１人当たりのＧＤＰを年平均７・２％増加させ、２０２０年には３０００ドル以上にすることである。その額は、当時の中所得国の平均水準に相当する。二つ目は、「都市化」である。都市化率を毎年１％増加させ、２０２０年には50％を目指す。三つ目は、「基本的な工業化の実現」である。農業従事者の割合を、２０２０年に約30％まで下げる。

２０１４年、中国は計画より早く、この3大目標を実現した。為替レートで換算すると、中国の１人当たりの国民の総所得（ＧＮＩ）は、７３８０ドルになり、世界ランキングは２０１０年の１２０位から96位に上昇した。２０２０年には、１・2万ドルから１・3万ドルに増加すると予想される。ＰＰＰ（購買力平価）で換算すると、中国の１人当たりＧＤＰは１・3万ドルになり（表7参照）、２０２０年も、

表７ 中国の１人当たりGDPと世界ランキング（2000～2014）

		2000	2005	2010	2014	2010～2014平均年率（%）
１人当たりGNI	為替レート法現在ＵＳドル換算	930（141/207）	1,750（128/208）	4,300（120/215）	7,380（96/214）	14.5
１人当たりGDP	為替レート法2006年ＵＳドル換算	1,128	1,740	2,891	3,866	7.5
１人当たりGDP	購買力平価現在ＵＳドル換算	2,915	5,053	9,239	13,217	9.4
１人当たりGDP	購買力平価2011年ＵＳドル換算	3,678	5,675	9,430	12,609	7.5

注：１人当たりGNIは、１人当たりの国民総所得、()記号内は、中国の世界ランキング／対象国・地域数。
データ出所：世界銀行データバンク、World Bank Open Data、http://data.worldbank.org/。

１・２万ドルを上回ると予想される。都市化率についても、すでに54・８％に達し、農業従事者の割合も、29・５％まで下がっている。

次に、目標の達成度を見てみよう。これについて、「目標実施一致の評価」を用いて、「第12次五カ年計画」の達成状況について評価を行ったところ、24項目ある経済社会発展指標の達成率は95・８％であった。達成できなかったのは１項目だけである。それは、国内総生産に占める研究開発経費の割合で、目標の2・2％にわずかに届かなかった(表8参照)。しかし、全体的には、「第11次五カ年計画」の達成率である87％と比べても、極めて高いといえる。

これは、中国の国家管理能力が非常に優れていることを示しており、13億余りの全国民が満足するのはもちろん、世界的に見ても驚くべき結果であろう。

中国はこの5年間、国内外の複雑な環境変化に直面し、さまざまな試練を受けてきた。また、予想もしなかった大きな危機にも遭遇した。その間、党、中央、国務院は、全体的な管理や科学的な政策を一手に引き受け、国際金融危機に対して的確に対応しながら、経済発展の新常態（ニューノーマル）に適応しようと努力し、マクロ的な統制を絶えず革新してきた。その結果、中高度の経済成長を実現したのだ。更に、改革強化、法治強化、党の綱紀粛正を全面的に進め、「第12次五カ年計画」で定めた主要な目標を見事に実現させた。つまり、「第13次五カ年計画」の最終目標である、

２０２０年までに「全面的な小康社会を実現する」ための強固な基礎を打ち立てたのだ。

中国は発展し続けている。世界に占める経済、貿易、科学技術、国防、更に総合国力の割合を増加させ、五カ年計画ごとに、ステップアップしてきた。量的変化が質的変化を招くように、中国は、少しずつ加速を強めながら、世界大国から世界強国になろうとしている。ユーラシア・グループの総裁、布雷默氏は、中国は世界経済戦略を持つ唯一の国家だと言う。「全面的な小康社会を実現する」という目標は、党の第16期代表大会で初めて、２０２０年までに達成する目標として提出され、党の第17期代表大会、党の第18期代表大会でも、続けて出された。国家が20年先の目標を掲げ、その路線を変えないのは稀である。これは、中国共産党政権でも初めてのことであり、世界にも他に例がない。これが、この10年間で中国と先進国との差が一気に縮まった理由であり、また、アメリカに追いつき追い超すことができた原因であろう。逆に言

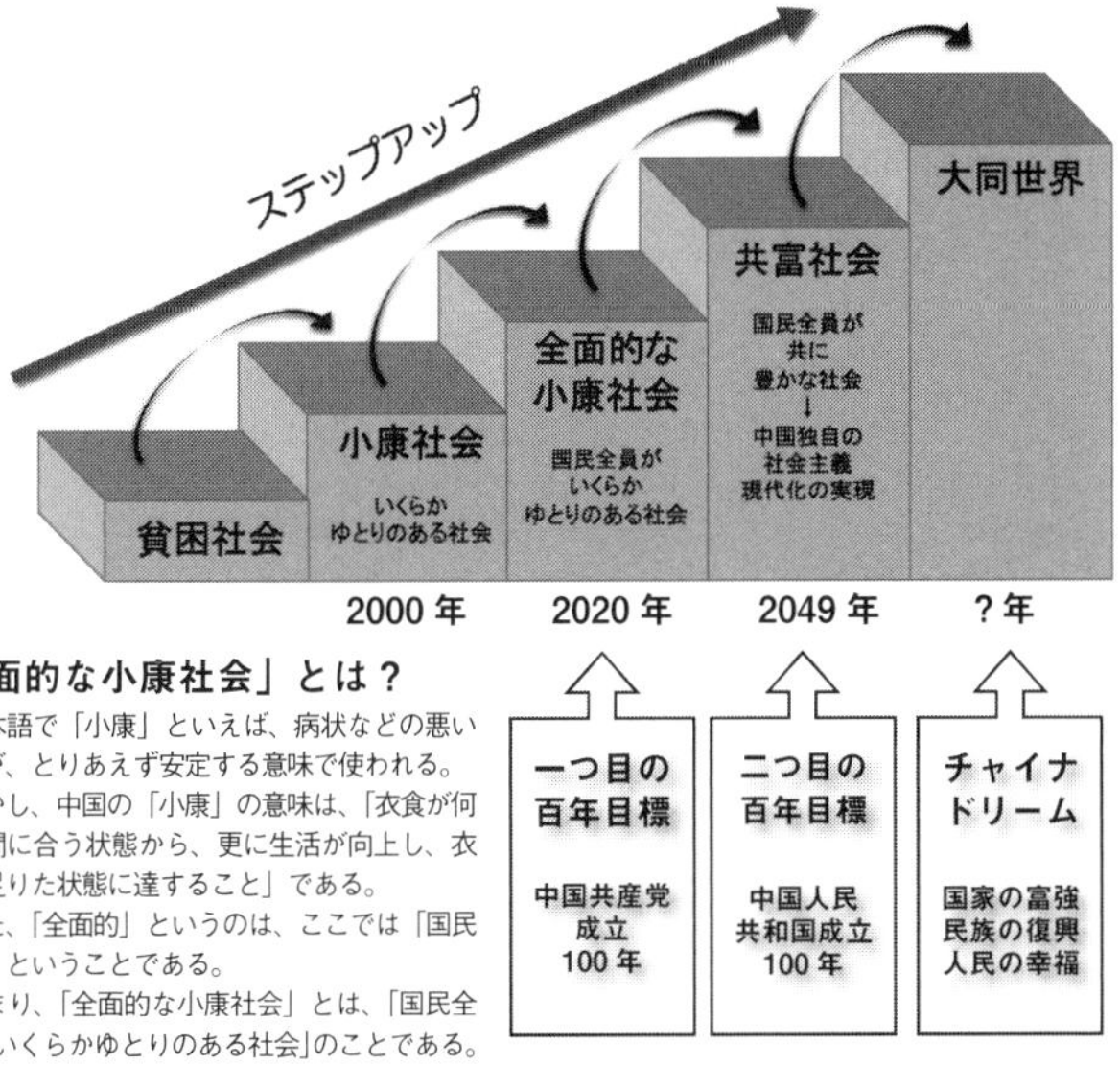

図２　中国の発展段階

うと、アメリカは国家の安全戦略しかなく、大統領が「国家安全保障戦略」を制定するのみで、その内容は、「安全」、「反テロ」、「戦争」を絶対原理としてきた。２０１０年、オバマ大統領の代になってやっと、前大統領ブッシュの「先んずれば人を制す」を理由とした「反テロ戦争」の戦略を放棄した。また、金融危機のダメージから、「世界大恐慌後の最悪な状況の下で、国民が活力を回復してきている今、我々の最大の任務は、アメリカ経済の活力を維持することである」と述べている。この十数年、アメリカは少なくとも三つの大きな過ちを犯してきた。一つ目はアフガニスタン戦争、二つ目はイラク戦争、そして三つ目は、国際金融危機を引き起こし、世界中に拡大させたことである。アメリカは現在、弱体化していると言われるが、これも、グローバル化した激烈な国際競争の中で、「進まなければ押し流される」という簡単な原理が実証されたにすぎない。

表８ 「第 13 次五カ年計画」における主要な指標の達成状況（2011 ～ 2015）

類別	指標	目標属性	2010	2015	2015 目標値	目標の平均年率（%）	実際の平均年率（%）	五年目標達成率（%）	達成状況
経済発展	GDP（国内総生産）（兆元）	予期性	40.15	67.67	56.31	7	7.8	111	目標以上達成
	サービス業付加価値比率（%）	予期性	43.2	50.5	47.2	[4]	[7.3]	182.5	目標以上達成
	都市化率（%）	予期性	49.95	56	51.5	[4]	[6.05]	151.3	目標以上達成
科学技術教育	９年間義務教育定着率（%）	拘束性	89.7	93	93	[3.3]	[3.3]	100	達成
	高校粗就学率（%）	予期性	82.5	87	87	[4.5]	[4.5]	100	達成
	GDP に占める研究開発経費の割合（%）	予期性	1.76	2.1	2.2	[0.45]	[0.34]	85	未達成
	１万人当たりの発明特許授権数（件）	予期性	1.7	6.3	3.3	[1.6]	[4.6]	287.5	目標以上達成
資源環境	耕地保有量（億ムー）	拘束性	18.18	18.65	18.18	[0]	[0.47]		目標以上達成
	工業付加価値単位当たり水使用量の削減量	拘束性	90 t/ 万元		63 t/ 万元	[30]	[32]	106.7	目標以上達成
	農業灌漑用水有効利用係数	予期性	0.5	0.532	0.53	[0.03]	[0.032]	106.7	目標以上達成
	一次エネルギー消費量に占める非化石エネルギー消費の割合（%）	拘束性	8.3	12	11.4	[3.1]	[3.7]	119.4	目標以上達成
	GDP 単位当たりのエネルギー消費削減率（%）	拘束性		5.6		[16]	[18.2]	113.8	目標以上達成

類別	指標	目標属性	2010	2015	2015目標値	目標の平均年率（%）	実際の平均年率（%）	五年目標達成率（%）	達成状況
資源環境	単位GDP二酸化炭素排出量の減少（%）	拘束性				[17]	[20]	117.6	目標以上達成
	化学的酸素要求量排出量の減少（万トン，%）	拘束性	2551.7		2347.6	[8]	[10.1]	126.3	超額達成
	二酸化硫黄の減少（万トン，%）	拘束性	2247.8		2086.4	[8]	[12.9]	161.3	超額達成
	アンモニア性窒素排出量の減少（万トン，%）	拘束性	264.4		238	[10]	[9.8]	98	達成目前
	窒素酸化物排出量の減少（万トン，%）	拘束性	2273.6		2046.2	[10]	[8.6]	86（2011-2014）	未達成（2014年時点）
	森林被覆率（%）	拘束性	20.36	21.66	21.66	[1.27]	[1.30]	102.4	達成
	森林蓄積量（億立方メートル）	拘束性	137	151	143	[6]	[14.16]	236	目標以上達成
国民生活	都市住民の1人当たり可処分所得（元,2010年基準）	予期性	19109		>26810	>7	7.7	110	目標以上達成
	農村住民の1人当たり純収入（元,2010年基準）	予期性	5919		>8310	>7	9.6	137.1	目標以上達成
	都市登記失業率（%）	予期性	4.1	4.1	<5			—	目標以上達成
	都市新規就業者数（万人）	予期性				[4500]	[6431]	142.9	目標以上達成
	都市就業者養老年金加入数（億人）	拘束性	2.57	3.8	3.57	[1]	[1.09]	123	目標以上達成

類別	指標	目標属性	2010	2015	2015目標値	目標の平均年率（%）	実際の平均年率（%）	五年目標達成率（%）	達成状況
国民生活	新型農村合作医療保険加入率（%）	拘束性	94.6			[3]	[>3]	>100	目標以上達成
	都市保障性居住プロジェクトによる建設数（万棟）	拘束性	—			[3600]	[4013]	111.5	目標以上達成
	総人口（万人）	拘束性	134091	137500	<139000	<7.2‰	3.8‰	—	目標以上達成
	平均寿命（才）	予期性	74.8	76.2	76.2	[1]	[1.4]	140	目標以上達成

注：[　] 記号は5年間の増加率。目標属性の「予期性」は達成を目指すこと、「拘束性」は達成義務があること。ムーは面積の単位、1ムー＝1/15ha。「森林被覆率」は森林面積の割合。「森林蓄積量」は森林の総材積量。

データ出所：国家統計局、および、関係する部、委員会が提供する各種のデータと情報。筆者がそれらのデータ、情報を整理し、『第12次五カ年計画綱要』(2011年3月)「第1章特別欄1」の「『第11次五カ年計画』における主要な指標の達成状況」を参考にして作成。

第２章　「第13次五カ年計画」の位置づけ

２０２０年までに「全面的な小康社会を実現する」という一つ目の百年目標は、２００２年の党第16期代表大会報告で初めて提出された。当時の人々は、この目標は実現できるのか、どのように実現するのか分からなかった。このため党中央は、党の第16期代表大会だけでなく、２００７年の党第17期代表大会、２０１２年の党第18期代表大会と3期続けて、この目標に基づいた五カ年計画を実施した。前述の通り、これらの五カ年計画は、それぞれがステップアップしながら、過去から受け継いだものを発展させ、それをまた未来へ託すという、最終目標に向かうためのガイド役を果たしてきた。そして、２０１６年に採択される「第13次五カ年計画」の期間は、この目標達成のために残された最後の5年間であり、全面的な小康社会が実現できるかどうかの正念場になるのである。

それでは、まず、過去の五カ年計画の位置づけについて見てみよう。

２００６年の「第11次五カ年計画」は、その後の10年間が、全面的な小康社会に向かって、順調に発展していくための基礎を築いた時期である。

２０１１年の「第12次五カ年計画」は、直前の五カ年計画を引き継ぎ、全面的な小康社会実現のための基礎を、更に発展させた時期である。つまり、改革開放を推し進め、経済発展システムを急速に転換させたのだ。これが、全面的な小康社会実現のための強固な基礎となった。「全面的な小康社会」が重要なキーワードとなったのは、この時で、その1年後、党の第18回代表大会「報告」では、「独自の社会主義路線を突き進み、全面的な小康社会実現のために尽力する」ことが、重要なテーマとなった。

次に、２０１６年の「第13次五カ年計画」の位置づけと、「第11次五カ年計画」、「第

12次五カ年計画」との違いについて見ていこう。

一つ目の違いは、「第13次五カ年計画」は、スタート地点ですでに、「全面的な小康社会」の基礎ができあがっていたことだ。そのため、「全面的な小康社会」について、更に発展した新しい目標と、具体的な内容が必要だった。なぜなら、２００２年、党中央が出した当初の目標は、「全体的な小康社会」ではあったが、まだ貧困から脱却していない人々の衣食の問題を解決し、少しずつ小康レベルに上げていくという「全面的な小康社会」という希望もあった。そこで、「全体的」という部分を、思い切って「全面的」としたからだ。当時、１人当たりのＧＤＰが３０００ドルというのが小康社会の標準だった。中国は、２０１４年の１人当たりのＧＤＰは７０００ドル（為替レート、ＵＳドル換算）であり、すでに中所得レベルの収入になっている。２０２０年までに中国の１人当たりＧＤＰは、少なくとも１・２万ドルから１・３万ドルになると予想され、それは、ほぼ高所得レベルであり、最初に定めた目標値を大きく上回ることになる。

二つ目の違いは、「第13次五カ年計画」が、全面的な小康社会実現までの最後の5年間であり、目標が実現できるかどうかの正念場になることである。習近平総書記は「説明」の中で、「樽の理論」を例にあげ、全面的な小康社会という短い板にしっかり取り組み、この「短い板」を補うことに力を入れる、と述べている。また、数千万の国民が、いまだに貧困ライン以下にいることも強調した。そのため中央は、この時期を全面的な小康社会実現の正念場とし、二つの百年目標とチャイナドリーム（中華民族復興の夢）実現のための確固たる基礎を築くことを重点目標にしたのである。

ここでいう、正念場とは、全面的な小康社会実現のための「全面的な決戦」、「全面的な勝負」、「全面的な勝利」という3大ステップである。これは、毛沢東が1948年に画策した「3大戦役（遼瀋戦役、淮海戦役、平津戦役）」で中国の半分以上を解放し（第1ステップ）、その後、「渡江戦役（揚子江渡河作戦）」で、残された地域を解放し（第2ステップ）、最後に「新中国を設立」した時（第3ステップ）のようなものである。２０２０年までに全面的な小康社会を実現するには、まず、最初のステップとなる「3大戦役」が必要である。

一つ目の戦役は、国民の貧困に関するもので、２０２０年までに、国家貧困ライン人口をゼロにすることである（第四章で詳述）。

二つ目の戦役は、汚染に対するもので、経済成長及び都市化による主な汚染物質の排出をなくすことである。中国は、世界最大の工業生産国であり、都市人口も最多である。それも原因で、大気汚染、水質汚染（有機汚水の排出）、土壌汚染で世界ワースト・ワンになっており、これが、国民の心身の健康に直接被害をおよぼしている。この3大汚染は、全面的な小康社会を実現するための最大のネックであり、樽の理論でいう極端に「短い板」である。そこで、「第13次五カ年計画」では、大気、水、土壌汚染の防止対策のため3大行動計画を実施する。これが達成されれば、これまで長く続いてきた環境汚染の悪化を、根本的に抑制し転換させることができる。「生態環境の質を総合的に改善する」という緑の発展目標は、今回の「建議」で初めて出されたもので、これは、環境の質を高めることに重点をおき、国民全体の心身の健康を守ることを発展の最終目的にしている。これが達成できれば、アジア地区だけにとどまらず、世界の環境問題解決にも大きな貢献をすることになる。それが、すなわち、「建議」の中の「世界の生態を守るため、新たな貢献をする」ということなのである。

三つ目の戦役は革新である。これは、前述の二つとは違い、中国が経済の中高度成長を維持するための機動力となるものだ。前述の二つを、マイナスから始まるもの、とすると、これは、ゼロから始まりプラスに向かうもので、大いに積極的な行動だといえる。特に、科学技術を革新することによって全体を革新していくこととしている。具体的には、対外開放によって、革新的なもの、すなわち世界の最新技術、応用技術を積極的に導入し、それを集積、システム化する。また、導入するだけではなく、自らも技術革新をしていかなくてはならない。

中央による「第13次五カ年計画」のもう一つの位置づけは、中国の二つの百年目標とチャイナドリームを実現するため、確固たる基礎を築くことである。この位置づけは、どう理解すればよいのだろうか。中央財政経済指導者グループの事務室副主任、楊偉民氏は、「小康後の時代」という言葉を使っている。

「小康後の時代」とは、どんな時代か。それは、豊かな時代であることに間違いないだろう。なぜなら、小康というのは貧しさから豊かさに向かう過程にあるものだからだ。「小康レベル」あるいは「小康社会」は、中国共産党が考え出した画期的な理念であり、全国民を幸せにするための目標でもある。中国は、発展途上国の中でも、「独自の道」を進んでいるが、それが、中国独自の社会主義現代化への道なのである。

中国は、世界で人口が最も多いだけではなく、絶対貧困人口も最も多い。そのため、中国社会主義現代化の段階にも、独自の理論がある。まず、絶対的貧困段階から衣食が満ち足りる段階、次に小康社会の段階、現在は全面的な小康社会をつくりあげている段階で、今後は豊かな段階、そして、共に豊かな段階を目指す。収入レベルの段階から見ると、極めて低所得段階から低所得段階、次に低中所得の段階、現在は中所得の段階である。「第12次五カ年計画」の役割は、「中所得の罠」に、はまらないようにすることでもあった。「第13次五カ年計画」の目標は、「中所得の罠」を克服し、高所得段階に近づいていくことである。これが実現できれば、「第14次五カ年計画」、「第15次五カ年計画」では更に、国民全体が共に豊かになる、という高所得段階を目指すことができるだろう。これに関して、李克強首相は、2015年11月24日に開かれた第5期中国・東欧経済貿易フォーラムで次のように述べている。「今後5年間、中国経済の平均成長率は6・5％以上を維持していかなければならない。そうすれば、2020年までに1人当たりのGDPは1・2万ドルに達し、世界銀行が標準としている高所得国のレベルに近づくことができる。『中所得の罠』をのり越えることが、中国社会主義現代化の過程において一つの正念場となるのだ」

これは正に、中国の経済発展、社会発展の法則とその段階に基づいた分析であり、順調にいけば２０２０年以降、中国は「共富時代」、すなわち「国民全員が共に豊かになる時代」を迎えられるようになると思われる。この状態が、２０４０年、２０５０年まで続けば、二つ目の百年目標である、２０４９年までに中国独自の社会主義現代化を実現することが可能なだけではなく、皆が共に豊かで平和な「大同世界」という、究極的な理想世界も実現することができるかもしれない。

第３章　「第13次五カ年計画」を導く五大発展理念

第18期中央委員会第５回全体会議では、新たに「五大発展理念」が提起された。それは、①創新 ②協調 ③緑色 ④開放 ⑤共有による発展を推進する、というものである。これは、習近平総書記による政治的な新しい理念であり、「第13次五カ年計画」を策定する際、思想と構成の土台となるものである。この章では、この「五大発展理念」について、簡単に説明する。

1、「五大発展理念」は、世界最大規模の改革開放の発展と実践である。これは、理論と実践との相互作用でもあり、国民と党、国家との相互作用でもある。また、「国民主体、実践主体」であり、理解さえすれば、国民にとって、創造、革新、創業するための限りないパワーの源となるだろう。

2、「五大発展理念」は、今までの五カ年計画の革新と精髄の集大成である。「人を基本とした科学的発展」から、更に革新的な「人の全面的発展のための科学的発展」を目指している。これは、中国独自の新しい発展理念である。現在中国は、全国民に対して、国民全体が共に発展することを約束し、実行している。全世界に対しても、共に開放的になり、共に協力して発展することを呼びかけた。国民と国家、また、国家と国家の関係に、このような新しい理念を提唱しているのは中国だけである。また、発展途上国の中でも、緑色発展戦略を積極的に推進、実行しているのは、中国だけである。

3、「五大発展理念」は、五カ年計画策定のための重要な土台であり、2020年までに全面的な小康社会を実現するための手引きともなる。思想がなくては要《かなめ》もない、理念がなくては道もない、というが、「五大発展理念」は「第13次五カ年計画」に生命力を吹き込む思想と理念であり、合理的に、また具体的に「第13次五カ年計画」を導く。五カ年計画は、「五大発展理念」によって、味気ないものから活力にあふれた計画になるはずである。

4、「五大発展理念」は全面的な科学的発展をするための重要な理念である。これ自体が、発展のための大きな枠組み、精巧な論理、具体的な構想から成る。そして、それぞれがお互いに、関連し、働きかけ、支え合うことによって、科学的発展を更に具体化させ、また、指導性、ねらい、操作性も合わせ持っている。

5、「五大発展理念」は、世界にも大きな影響を与えるはずである。中国は順調に発展しているだけではなく、新しい理念を基に、革新的な発展をしている国家でもある。その結果は、中国だけでなく、21世紀の発展途上国の発展の手助けにもなるだろう。「五大発展理念」は、中国独自の発展経済論理を究極にまで追求した結果なのだ。

今回、「建議」では、「国民主体の地位を堅持する」という基本原則が初めて出された。特に、「国民中心の発展思想を堅持し、国民の幸福度を上げながら、全面的に発展していくことを、発展の出発点と帰着点にしなければならない」と述べられている。

国家の五カ年計画とは、どんな計画で、誰のための計画なのか、また、その核心となる理念は何なのだろうか。「第13次五カ年計画」綱要の正式名称は、「中華人民共和国の国民経済と社会発展のための第13次五カ年計画綱要」である。つまり、国家の発展計画であり、その内容は、国民経済や社会発展だけではなく、生態環境の整備、環境保護なども含まれている。しかし、本質的には、国民が発展するための計画であり、国民が共に発展の成果を分かち合うための計画なのである。そのため、「国民主体の地位を堅持する」ということは、次のように言い表すことができる。

1、国民は国家発展の主体であり、創業の主体である。

2、国民は発展推進の根本的な原動力である。

3、国民は革新の主体である。

4、国民は共に発展の成果を分かち合う主体である。

1945年にはすでに、毛沢東が、「国民こそが、世界の歴史を創造する原動力である」と指摘している。すなわち、国家の五カ年計画とは、国民が豊かになるための計画であり、国民主体の発展思想を堅持し、国民の幸福増進と全面的な発展促進を、発展の出発点と帰着点にしなければならない。マクロ的な国家の発展計画と国民の全面的な発展計画を、有機的に結合する。これは正に、中国国民が歴史を創造する原動力であり、中国が持続的に発展するための革新力なのである。

・「五大発展理念」の核心は、国民が全面的な発展をすることにある

党の第18期中央委員会第5回全体会議は次のことを強調している。「第13次五カ年計画」の発展目標の実現、発展難題の解決、発展の優位性を高めるためには、創新、調和、緑色、開放、共有の「五大発展理念」を徹底しなければならない。「五大発展理念」は科学的発展をするための重要な土台である。中国の伝統文化の精髄を伝承し、時代の新しい傾向と特徴を体現し、中国の貴重な経験を総括したものである。これは、中国独自の発展経済学であり、科学的発展のための「五大発展理念」といえる。同時に、「五大発展理念」の五つの柱は、それぞれが独立しているのではなく、お互いに融通、融合、促進し合うものである。そして、その目標は同じである。それは、国民の全面的な発

図３　五大発展理念

展を推進することである（図3参照）。

国民を基本とし、国民を全面的に発展させるには、人間のライフサイクルについて正しい知識を持ち、全面的に理解し、それに従わなければならない。これも、五カ年計画を策定する際、ミクロ的な観点として重要である。つまり、人間のライフサイクルを基本として、それぞれの時期に、適当な人や資本を持続的に投資する必要がある。そうすることで、人間のさまざまな能力を開発し、高めていくことができるのだ。

第４章　「第13次五カ年計画」の目標

中央の「建議」では、全面的な小康社会実現のための総合目標、つまり、経済社会発展の主要な目標を明確に打ち出した。これらの目標をどのように考慮、設計すればよいのか。また、どのように実行、実現していけばよいのか。この章では、これらについて分析していく。

（１）中高度の経済成長を維持

・発展の均衡性、包容性、持続可能性を向上させ、２０２０年までに国内総生産を２０１０年の倍にする

「第12次五カ年計画」から４年間（２０１０年から２０１４年）のＧＤＰ年平均

成長率は8・0%であり、2015年から2020年に、6・5%以上ならば、この目標は実現できることになる。

中国の経済成長率については、国内国外を問わず非常に関心を持たれている。しかし、国内にしても国外にしても、現在の状況に対応することができていない。まず、国内では、地方の指導者が、2桁以上の成長率に慣れてしまっており、新常態に対して成す術がない。また、国外でもやはり、中国経済の高度成長に慣れてしまって、中国の需要、特に大口製品の需要減少に、対応できずにいる。これは、中国が世界第1位の貿易大国、第2位の経済大国であり、世界の経済成長および貿易拡大の「1番の原動力」となっていることと関係がある。また、経済成長率は重要視されており、「風向計」の役目も果たしているため、強い誘導作用があることとも関係があるだろう。しかし、中国としては、中高度の経済成長を維持することが重要なのである。なぜなら、国内的には、経済の大きな変動を防止し、「穏中求進（安定の中で進歩を求める）」

ことができ、対外的には金融危機を防止し、「行穏致遠（穏やかに遠くまで進む）」ことができるからだ。

それでは、「行穏致遠」を維持しながら、世界経済成長の「機関車」的役割と「安定剤」的効果を発揮するには、どうすればよいのか。それには、経済成長率の増加を求めるのではなく、経済成長の質と効果を高めていくことだ。すなわち、中高度の経済成長を維持しながら、経済構造を合理化する、経済効果を高める、エネルギー資源を節約する、環境を保護する、汚染物質の排出を減らしていくことが必要である。

国内外であがっているさまざまな憶測や疑問については、習近平総書記の「説明」の中に、明確な回答がある。すなわち、国内総生産が2倍になれば、２０１６年から２０２０年の年平均経済成長率は、最低でも６・５％になり、総合的に見ると、今後も７％前後の経済成長率を維持することができるはずである。なぜなら、一般的に、ＧＤＰが1ポイント増加すると、「含金量（本来は純金の含有量のことを指し、比喩的には、実際の価値、実利を意味する）」も大幅に増えるからだ。例えば、就業の含金量（仕事の分野が新たに増加）、科学技術の含金量（GDPに占める研究開発投資の増加）、品質の含金量（品質の向上）、消費の含金量（GDP当たりの消費の増加）、エネルギーの含金量（GDP当たりの各種エネルギー消耗の減少）、資源の含金量（資源の節約）、汚染減少の含金量（主要な環境指標が改善）、生産事故減少の含金量（GDP当たりの事故死亡率の減少）などが見込まれる。

4大経済体（アメリカ、中国、日本、EU）は、GDPが4兆ドル以上になった後は、1人当たりのGDP成長率が低くなる傾向があったが、中国は違っている。すなわち、直近4年で、1人当たりのGDP成長率は7・53％までに下がってはいるが、依然として高めの成長率を維持しており、EU、アメリカ、日本と比べても数倍高い（表9参照）。「キャッチアップ効果」も、まだ十分あると考えられるので、今後も高めの成長率を維持するはずである。

表９　４大経済体の１人当たりGDP成長率（2000～2014）

単位：％

	中国	日本	アメリカ	EU
2001～2005	9.06	1.05	1.56	0.99
2006～2010	10.69	0.35	0.12	0.41
2011～2014	7.53	0.91	1.38	0.13

データ出所：外国のデータは、『衰退から成長へ』ラグラム・ラジャン（インド中央銀行であるインド準備銀行の総裁）、『比較』雑誌、2015年、第４集、第６ページ、世界銀行データバンク、World Bank Open Data、http://data.worldbank.org/。中国のデータは『中国統計摘要2015』国家統計局、第26ページ。

また、中国が世界最大の経済体として、力強い経済成長を保つことは、中国だけではなく、「世界をより良くする」ことにもつながるだろう。特に、中国は２０１６年のＧ20サミットの開催国に決定したが、そのテーマは、「世界経済を牽引し、新たな成長を実現すること」である。

・２０２０年までに、都市と農村の住民の１人当たりの平均収入を２０１０年の２倍にする

過去４年間の農民の１人当たり可処分所得の年平均増加率は10・１％、都市住民の１人当たり可処分所得の年平均増加率は８・０％である。前者が後者より高く、更にGDPの成長率よりも高い。都市と農村の住民の所得格差は、2009年から2014年まで、5年連続で縮小しており、3・33倍から2・92倍になった。都市と農村の住民の可処分所得の年平均増加率が6・7%、1人当たり年平均増加率が5・3%になれば、都市と農村の住民1人当たりの平均収入を2010年の2倍にする、という目標を実現することができる。

習近平総書記が、「解説」で特に強調したことは、住民の収入増加と経済成長が同時進行すると仮定した場合、上記の目標を達成するためには、「第13次五カ年計画」の間、経済成長率が少なくとも6・5%必要だということである。

世界発展の視点で見ると、経済領域では、経済成長率から国民の収入増加率に、焦点を当てるようになってきている。なぜなら、両者は必ずしも同時進行しているわけではなく、経済成長率の方が高いことが多いからで、中国も例外ではない。1979年から2012年の間、中国の1人当たりGDPの平均成長率は8・

７％、都市住民の１人当たり可処分所得の年平均増加率は７・４％、農村住民の１人当たり純収入の年平均増加率は７・５％である。ここ数年、ようやく、１人当たりの住民収入の増加率が１人当たりのＧＤＰ成長率より高くなってきている。経済成長か、それとも国民の収入増加か、どちらに焦点を当てるかによって、経済発展の結果も変わってくる。実際、国民にとっては、収入増加の方が経済成長より重要である。そのため、経済発展の目標は、国民の収入増加に焦点を合わせることが必要である。

ここで、特に説明しなくてはならないことは、「第13次五カ年計画」の計画を立てた地方の多くが、都市と農村の住民収入の増加率の目標を、経済成長率の目標より低く見積もっていたことだ。例えば、ある地級市の計画の目標は、総生産額増加率は年平均11％で、都市住民の１人当たり可処分所得の増加率は年平均９％、農村住民の１人当たり純収入増加率は年平均10％であった。これでは、中央の出した「共に成長する」という理念と一致しない。そのため、経済成長率の目標を立てる場合は、都市と農村の住民の1人当たり可処分所得の成長率に基づいて決めるべきで、その他の原因によるべきではない。

・経済成長に対する消費の寄与度を、大幅に上げる

「第12次五カ年計画」の時期には、すでに「投資駆動の消費（投資で消費を誘導）」から「消費駆動の投資（消費で投資を誘導）」へ転換している。すなわち、2011年から2014年、経済成長に対する消費の年平均寄与率は54・8％であり、投資の年平均寄与率を7・8ポイント上回っている。また、2015年上半期には、60％にまで達している。「第13次五カ年計画」の間も、経済成長に対する消費の寄与度を大幅に高めるため、経済成長に対する消費の寄与率を60％以上増加させなくてはならない。中国は、アメリカに次ぐ世界第2位の消費大国であり、将来的な発展を

考えると、消費の潜在力はかなり大きいといえる。マッキンゼーコンサルティング会社によると、「中の上」所得者層の家庭は、年収10・６万元～22・９万元であると定義している。また、２０１２年、これらの家庭は、中国の家庭の総数の12％を占め、２０２２年までに、この割合は54％まで増加すると予測している。「中の上」所得者層の人口については、２０１２年の１・84億人から２０２２年の７・61億人と４倍に増加、年平均の増加率は15・３％になるだろう。中国が今後も発展していくには、世界最大の消費市場になることが必要である。国家の消費政策の基本的な方向は、消費のグレードアップ（高級化、高機能化）を促進することである。具体的には、①サービス ②グリーン ③情報 ④文化 ⑤品質 ⑥農村 ⑦観光 ⑧安全、合理化 ⑨電子商取引（ネットワーク上で、個人や企業が商品購入から決済までの商取引を行うこと）の分野で、消費のグレードアップを目指さなくてはならない。中国はすでに、電子商取引で世界最大級の消費国になっている。その総額は、２００４

表10 社会消費財小売総額に対する電子商取引の割合
(2004-2015)

年	電子商取引総額（億元）	社会消費財小売総額に占める電子商取引総額の割合（%）
2004	9,232	15.5
2005	12,992	19.0
2006	15,494	19.6
2007	21,709	23.2
2008	31,427	27.4
2009	36,730	27.7
2010	45,500	29.0
2011	60,879	33.1
2012	81,091	38.6
2013	103,984	42.8
2014	133,699	49.2
2015	180,000	60.0

データ出所：『中国インターネット20年発展報告』

年で9000億元程度であったのが、2015年には18兆元を上回り、社会消費財小売総額に占める割合は、15・5%から60%にまで高まった（表10参照）。そのほか、2015年の全国の消費財小売総額は30兆元であり、2020年には、倍増して60兆元（10兆ドル）を上回る見通しである。中国には、極めて大きい潜在的な消費があるのだ。そして、この巨大な消費需要が供給の革新も導くに違いない。

・経済構造調整を進展させる

経済構造を調整することによって、経済が適切化するということが、明らかになってきている。中国では、サービス業の割合の増加が顕著であり、サービス業が産業を主導するようになってきた。つまり、「工業化」から「サービス化」の時代に入ったということである。これは、中程度で発展している経済体の産業構造の特徴である。２０２０年までの見通しは次の通りである。一つ目は、ＧＤＰに占めるサービス業の増加額の割合が、４～5ポイント上がり、56～57％になる。二つ目は、全就業者数に占めるサービス業就業者数の割合が、４～5ポイント上昇し、45％以上になる。三つ目は、サービス貿易の発展が加速することである。中国のサービス貿易は、「第12次五カ年計画」の間に、年平均増加率が13・６％を上回り、すでに世界第2位となった。２０２０年までに、サービス貿易の輸出入額は1兆ドルを上回り、対外貿易に占める割合も更に大きくなり、世界に占める割合も年々高まるだろう。「製造中国」から

「サービス中国」へ、「低価格」の中国から「高品質、高価格」の中国へ転換するのだ。これは、中国経済が新常態に移行していることを表している。これに関して、アメリカ、エール大学シニアフェロー（上級研究員）であるスティーブン・ローチ氏が、「第13次五カ年計画」の中に、製造業からサービス業へ、投資から消費へ、という再均衡化（サービス、消費主導の経済成長）の推進を、再度盛り込まなくてはいけないと述べているが、まさしくその通りである。なぜなら今の中国にとって、経済構造の調整が、ＧＤＰ増加よりも重要であるからだ。

・戸籍人口の都市化率を加速させる

「一市二制度（現在は、都市戸籍と農村戸籍の区別があり、どちらの戸籍かによって受けられる行政サービスなどにさまざまな違いがある）」を「一市一制度（都市・農村の区別をなくして戸籍を統一）」にすることによって、農業移転人口（農民工）

の市民化を推進していく必要がある。なぜなら、現段階における中国経済成長の最大の原動力は、新しい都市化だからだ。「第12次五カ年計画」の間、都市人口は毎年2000万人近く増加し、その数は建国以来、最多であり、世界的にも最大規模であった。この都市人口の増加が、中国経済成長の源ともなり、中国国内の需要（消費と投資の需要）の源ともなった。しかし、実際には、（居住人口ではなく）戸籍人口に対する都市化率は36％程度であり、これは、先進国の平均80％より、はるかに低い。また、1人当たりの収入が同程度である発展途上国の平均は60％であるが、それよりもまだ低い。このため、「提案」や「第13次五カ年計画」では、「都市化率（総人口に占める都市人口の割合）」ではなく、「戸籍人口の都市化率（総人口に占める都市戸籍の割合）」を指標として使うことにした。なぜなら、後者の方が都市化の健全性を正しく反映するからである。「国家の新しい都市化計画（2014～2020年）」（2014年3月）では、次のことを明確に述べている。2020年までに、居住人口の都市化率を60％程度、戸籍人口の都市化率を45％程度に引き上げる。また、戸籍人口の都市化率と居住人口の都市化率の差についても、2％程度縮小する。そのために、1億の農業移転人口および他の居住人口を、都市へ定住させる。1億人の内訳については、習近平総書記の「説明」にあるように、従来から認められていた、学生の進学、軍への入隊のほかにも、都市に5年以上就業か居住、家族での転居による農業移転人口を含んでいる。

・農業の近代化を進展させる

以前は、「農業が国民経済の基礎」であったが、今回、中央の「建議」では、「農業が全面的な小康社会の実現と、現代化の基礎となる」と述べている。つまり、農業の近代化なくして、全面的な小康社会もなく、中国の現代化もない、ということである。「四つの現代化（農業、工業、国防、科学技術の現代化）の同時進行」の中でも、農業がネックとなっており、樽の理論でいう「短い板」とされている。「建議」では、「効率が良く安全、省資源で環境にやさしい農業」を、中国独自の農業近代化と定義している。

・製造強国への転換を加速させる

２００２年、党の第16期代表大会「報告」には、２０２０年までに、工業化の戦略目標を基本的に実現する、とあり、同時に「両化融合」戦略の道筋も示した。すなわち、情報化と工業化の融合であり、情報化と工業化が互いに関わり合いながら共に発達していく、ということである。現在も、中国の製造業増加額は、世界総量の１／４を占めており、世界一の地位は揺るぎがない。工業化のレベルから見ると、工業化の中後期段階に入ったといえる。このため「建議」では、「中国製造（ものづくり）２０２５」の実施が必要だと述べている。つまり、工業化と情報化の融合を高度化し、先進的な製造業の発展を加速させ、新産業および新業態を増加させ、中程度ハイテク産業を目指す、ということだ。具体的には、①知能生産によって新型の生産システムを作り上げる。②工業の基礎能力を強化する。例えば、コアとなる部品、基礎材料、基礎技術、産業技術基礎を強化する。③製造業が高品質かつブランド力を持てるようにする。④先進的な製造業（10大戦略のひとつの領域）発展を強力に推進する。⑤サービス型製造業と生産的な関連サービス業の推進、などである。

アジアの製品輸出市場を見てみると、中国は独自路線を歩んでいる。ハイテク製品からローテク製品まで、どのレベルの製品も、市場に占める割合が大幅に増加しており、アジア市場のリーダー的存在になっている。アジア開発銀行（ＡＤＢ）が発表した「２０１５年アジア経済のグローバル化リポート」によると、アジア市場においてハイテク製品の輸出に占める中国の割合は、２０００年から２０１４年までで、

表１１ アジア市場に占める中国工業製品
技術レベル別輸出割合の比較（2000～2014）

単位：％

	ハイテク製品		中程度ハイテク製品		中程度ローテク製品		ローテク工業製品	
	2000	2014	2000	2014	2000	2014	2000	2014
中国	9.4	43.7	10.1	36.5	14.9	34.6	26.3	55.4
日本	25.5	7.7	49.8	23.6	24.7	11.1	5.1	2.0
韓国	10.7	9.4	9.7	14.4	16.2	15.1	6.7	2.4
インド	0.3	1.7	1.2	3.6	2.5	9.6	6.7	9.4

注：「技術レベル」は、ADB（アジア開発銀行）による分類で、研究開発費を売上高で割った研究開発集約度によって分類する。「ハイテク製品」は、航空機、宇宙船、医薬品、事務機器、電気通信機器、医療機器、精密機器など。「中程度ハイテク製品」は、電気機器、自動車、医薬品以外の化学製品、鉄道設備、その他の機械・設備など。「中程度ローテク製品」は、船舶、ゴム及びプラスチック製品，石油製品，非金属鉱物製品及び基本金属など。「ローテク製品」は、リサイクル、木材製品、パルプ・紙製品、食品、飲料、繊維製品など。
データ出所：『アジア経済一体化報告』、ADB（アジア開発銀行）、2015年12月、『Asian Economic Integration Report 2015』、Asian Development Bank

9・4％から34・3ポイント上昇し43・7％に増加、1年当たり2・45ポイント増加した。また、2014年、輸出に占める中程度ハイテク製品の割合は36・5％、中程度ローテク製品は34・6％、ローテク製品は55・4％である。つまり、ほとんどの製品について、アジア市場輸出に占める中国の割合は、日本、韓国、インドを大幅に上回っており、圧倒的な優位に立っているといえる（表11参照）。

・創造型国家に邁進する

２００6年に出された「国家科学技術の中長期発展計画綱要（２００6～２０２0年）」の、２０２0年までの総合目標は、世界の革新国家の一つになることである。具体的には、国内総生産に占める研究開発投資額の割合を２・5％以上にすること、科学技術進歩への寄与率を60％以上にすること、対外技術依存度を30％以下に減らすこと、国民の発明特許の授権数量と国際科学技術論文の被引用数が世界の上位5番目までに入るようにすることである。

「第13次五カ年計画」の科学技術についての重点目標は、世界の科学技術の第２グループからトップグループに入ることである。具体的には、２０１4年の国内総生産に占める研究開発投資額の割合は２・09％だが、２０２0年までには２・5％以上にし、科学技術の寄与率を、２０１4年の54％から２０２0年の60％以上までに高める、などである。国民による発明特許の授権数量については、２０１3年にアメリカを抜き、次のステップに上ったといえる。国際科学技術論文の数は、2014年、世界第2位から第1位となり、その被引用数は、2014年の世界第4位から第2位になった。今後は更にステップアップして、世界一を目指さなくてはならない。

今回の全体会議では、初めて出された二つの重大な戦略がある。一つは、ネットワーク強国戦略である。その内容は、「インターネット・プラス」計画を実施し、シェアリングエコノミー(共同消費、協調的消費)を発展させることである。もう一つは、国家のビッグデータ戦略である。2015年9月、国務院は「ビッグデータの発展を推進する行動綱要」で以下のように発表した。まず、2017年末までに、各部門を跨るデータ資源を共有するシステムをつくりあげる。次に、2018年末、国家政府のデータを統一、開放するプラットフォームを立ち上げ、信用取引、交通、医療などの領域で、公共データ資源を開放する。そして、5~10年以内に、生産部門、学校、科学研究機関が多方面で連携、ビッグデータ産業の体系を発展させていく。中国の総合国力の分析時に、中国の8大戦略資源、つまり経済、自然、人、資本、知識、政府、軍事、国際資源をあげたが、その後、わずか十数年で、ビッグデータという9番目の戦略資源を得ることになる。これは、中国のインターネットの急速な普及と、大量のネットユーザーの増加によるものである。中国はインターネット時代に入ったが、ビッグデータ時代にも入ることになる。ビッグデータ資源は、中国最大の国家戦略資源となり、経済活動においても、重要な戦略資源になるだろう。ビッグデータによって、個人消費は更に個性化し、消費者は毎日莫大なデータを生み出し、中国はインターネット時代、ビッグデータ時代において、世界のリーダー的存在になるだろう。

マッキンゼー・アンド・カンパニーの報告には次のように書かれている。今までの中国は「革新のスポンジ（イノベーション・スポンジ）」国家であり、国外の技術、知識を吸収する点では最も優れていた。しかし、今後は世界の「革新の泉（イノベーション・スプリング）」国家を目指さなければならない。そのためには、特に基礎研究に対して、長期的で、しかも安定的な投資が必要であり、これが、長期的に経済を繁栄させる源となる。

今回の全体会議で採択された「建議」で、最も革新的な点は、国家による重大な科学技術プロジェクトが実施されることである。つまり、国家実験室を設立し、国際的なビッグサイエンス計画、および、ビッグサイエンス・プロジェクトを全力で支援すると宣言したのだ。7年ほど続いた国際金融危機後、ＥＵ、アメリカ、日本は全て、基礎研究と重要研究施設への投資額を大幅に削減している。これは、中国にとって絶好の機会となる。なぜなら、国際的なビッグサイエンス、ビッグプロジェクト、ビッグサイエンス装置、ビッグサイエンス設備などに投資することによって、世界の先端を行く道が開けるからだ。中国は他国と違い、国家の基礎研究に対する投資を強化できる。具体的には、ハイテクに関する16項目の国家科学技術重大特定プロジェクトの戦略を継続することができる。また、世界的な重要科学プロジェクトにも積極的に参加する。例えば、世界最大口径の電波望遠鏡（ＦＡＳＴ）、世界最深で宇宙放射線量が最小であるダークマター観測地下実験室、電子・陽電子コライダーである。中国は、各国が躊躇している間に、先頭に追いつき、曲がりくねった道で追い越すのだ。今後中国は、科学技術分野でも急成長し、21世紀の重要な科学的発明と科学プロジェクトについて「世界に貢献する」ことになるだろう。

・人材強国に向かって邁進する

中国は、人口ボーナス（生産年齢人口が多く、高度な経済成長が可能なこと）のピークが過ぎ、現在は下降の時期にはいっている。ここで、２０１４年と２０２０年の予測について比較してみる。総人口に占める生産年齢人口16～64才の割合は、73・4％から2・77ポイント低下し、70・63％に減少、年当たり0・46ポイント低下する。

また、主要生産年齢人口に占める高等教育（大学以上）修了者の割合は、15・83％から5・95ポイント上昇し、21・78％に増加、年当たり0・99ポイント上昇、総人口に占める割合は、11・62％から3・76ポイント上昇し、15・38％に増加、年当たり0・63ポイント上昇する。２０２０年には、中国の高等教育の粗就学率は45％以上になり、短大以上の修了者は2・2億人前後になるだろう。主要生産年齢人口に占める高校教育修了者の割合は、28・95％から2・96ポイント低下し、25・99％に減少、年当たり0・49ポイント低下するが、総人口に占める割合は、16・35％から2・01ポイント上昇し、18・36％に増加、年当たり0・34ポイント上昇する。高校および高等教育修了者は、3・83億人から4・83億人に増加し、総人口に占める割合は27・97％から5・77ポイント上昇し33・74％まで増加、これは、生産年齢人口の減少率である2・77％を上回ることになる（表12参照）。

中国は現在、世界最大規模の技能人材国家だといえる。２０１４年、全国技能人材チームに属する人口は1・57億に達し、この数は、アメリカの就業人口の総計である1・43億を上回っている。更に、2020年には2億人を超える見通しである。また、研究開発活動に携わる従事者数も、世界最多となった。2014年は394万人年、1万人当たりの就業人口は51人年で、2020年の目標であった43人年を上回り、2020年には500万から600万人年に達すると予想される。

以上のことから、今後中国は、名実ともに人的資源強国、人材強国になると考えられる。そして、教育ボーナス、人材ボーナス、特に高校、高等教育ボーナスの効果は大きく、人口ボーナスによって下がるマイナス面を、十分補えると考えられる。

(2) 国民の生活水準と質を全体的に高める

雇用は比較的良好だろう。就業、教育、文化、社会保障、医療、住宅などの公共サー

表 12 全国高等教育、高校教育程度の人口と割合
(2000 ～ 2020)

類別	2000	2010	2014	2020	2000 ～ 2014 年 平均年率	2000 ～ 2014 年 増加量	2014 ～ 2020 年 平均年率	2014 ～ 2020 年 増加量
高等教育 入学率 (%)	12.5	26.5	37.5	45	8.16	25	3.08	7.5
普通本専科 在校生数 (万人)	556.1	2308.5	2547.7	3100	11.48	1991.6	3.32	552.3
在校研究生数 (万人)	30.1	153.8	184.8	330	13.84	154.7	10.15	145.2
高等教育人口 (万人)	4402	11964	15893	22000	9.6	11491	5.6	6107
生産年齢人口に占める高等教育人口の割合 (%)	4.95	11.98	15.83	21.78	8.66	10.88	5.46	5.95
総人口に占める高等教育人口の割合 (%)	3.47	8.92	11.62	15.38	9.02	8.15	4.78	3.76
高中教育人口 (万人)	13828	18799	22368	26250	3.49	8540	2.7	3882
生産年齢人口に占める高校教育人口の割合 (%)	15.55	24.7	28.95	25.99	4.54	13.4	-1.78	-2.96
総人口に占める高校教育人口の割合 (%)	10.91	13.72	16.35	18.36	2.93	5.44	1.95	2.01
高校、高等教育人口 (万人)	18230	30763	38261	48250	5.44	20031	3.94	9989
生産年齢人口に占める高校、高等教育人口の割合 (%)	20.51	30.79	38.11	47.77	4.52	17.6	3.83	9.66
総人口に占める高校、高等教育の割合 (%)	14.39	22.94	27.97	33.74	4.86	13.58	3.18	5.77
総人口に占める生産年齢人口の割合 (%)	70.17	74.5	73.4	70.63	0.32	3.23	-0.64	-2.77

データ出所：『第５次全国人口調査』、『第６次全国人口調査』、『中国統計摘要 2015』、国家統計局。
計算：中国教育部データ。2020 年データは、筆者の推計。

ビス体系も健全であり、基本的な公共サービスの均等化が進むと思われる。

・教育の現代化を進展させる

一つ目は、３年間の就学前教育の粗就園率を、２０１４年の70・５％から85％以上にし、最終的には、高所得国の平均レベルである86％を目指す。二つ目は、小中学校の粗就学率を、先進国並みのレベルまで引き上げた上で、９年制義務教育の定着率（１年生の入学人数に対する９年生の卒業人数の割合）を高める。三つ目は、高校教育普及の実現であり、高校の粗就学率を、２０１４年の86・５％から、95％とし、最低でも、ＯＥＣＤ加盟国の平均レベルである92％以上を目指す。四つ目は、高等教育の粗就学率を、２０１４年の37・５％から２０２０年の45％にし（表13参照）、高等教育を受けた主要な生産年齢人口の割合を、20％以上にする。以上の指標は全て、国家教育計画綱要の目標をすでに達成しており、中高所得国の平均レベルも上回り、

表13 各教育入学率の国際比較（2009～2020）

単位：%

国家／国家分組	就学前教育 粗就園率	高校程度教育 粗就学率	高等教育 粗就学率
中国（2009）	50.9	79.2	24.2
中国（2014）	70.5	86.5	37.5
中国（2020）	>85	95.0	45.0
世界	53.7	60.0	32.0
高所得国	86.0	99.0	75.0
中高所得国	69.0	76.0	34.0
中低所得国	50.0	52.0	23.0
OECD加盟国	82.0	92.0	68.0

データ出所：中国のデータは中国教育部、その他のデータは、UNESCO（国連教育科学文化機関）データベース、UIS.Stat、http://data.uis.unesco.org/。

高所得国と比べても、その差は明らかに縮小している。つまり、世界の中でも人的資源強国に向かっている、ということである。

・教育を受けた生産年齢人口を大幅に増加させる

主要な生産年齢人口で、教育を受けた平均年数は、2015年の10・5年から2020年の11・2年に延び、新たに増加した生産年齢人口に限ると、その平均年数は、13・3年から13・5年に延びると予測される（表14参照）。

表14　中国生産年齢人口の教育程度の変化（2000～2020）

	2000	2010	2014	2020
教育を受けた生産年齢人口の割合（%）	5.06	12.52	15.83	21.00
生産年齢人口の内、教育を受けた者の平均年数（年）	8.29	9.50	10.40	11.50
新たに増加した生産年齢人口の内、教育を受けた者の平均年数（年）		12.50	13.30	13.50

データ出所：『第5次全国人口調査』、『第6次全国人口調査』、国家統計局。2014年データは、中国教育部。2020年データは筆者推計。

２０１０年から、中国は「人口ボーナス下降期」に入った。２０１０年と２０１４年を比較すると、総人口に占める生産年齢人口の割合は、74・5%から2・1ポイント下がり73・4%に減少した。しかし、「人口ボーナス下降期」と同時に、「教育ボーナス期」にも入った。そのため、総人口に占める短大程度修了以上の人口の割合は、8・75%から2・26ポイント上昇し、11・01%まで増加した。また、総人口に占める高校程度（中等専門学校を含む）修了の人口の割合も、13・72%から2・63ポイント上昇し、16・35%に増加した。両者の合計で4・89ポイント上昇したため、総人口に占める生産年齢人口の割合が減少するというマイナスの影響は十分にカバーされたと考えられる。中国は、「教育ボーナス期」、「人的資源ボーナス期」、「人材ボーナス期」に入ったといえる。

・所得格差を縮小させ、中所得の人口の割合を増加させる

まず、国民の収入は明らかに高くなるだろう。また、年平均の収入の増加と経済成長が同時進行すれば、労働報酬も国民の所得分配構造の中で高まるはずである。

「第13次五カ年計画」の「貧困から脱却する」という目標については、２０２０年までに確実に実現しなくてはならない。具体的には農村の貧困人口層は衣食に困らず、義務教育、基本的な医療、住宅が保障されなくてはならない。同時に、貧困地区農民１人当たりの可処分所得の増加率を、全国平均水準より高くし、主な地域の基本的な公共サービスの指標を、全国平均水準に近づけなくてはならない。中国の貧困ラインは、２０１０年の価格を基準とすると、１人当たり年収２３００元であ

表15 全国農村貧困人口と貧困発生率（2000～2020）

年	2008年基準		2010年基準	
	貧困人口（万人）	貧困発生率（%）	貧困人口（万人）	貧困発生率（%）
2000	9422	10.2		
2001	9029	9.8		
2002	8645	9.2		
2003	8517	9.1		
2004	7587	8.1		
2005	6432	6.8		
2006	5698	6.0		
2007	4320	4.6		
2008	4007	4.2		
2009	3597	3.8		
2010	2688	2.8	16567	17.2
2011			12238	12.7
2012			9899	10.2
2013			8249	8.5
2014			7014	7.2
2020			1000	1.0

データ出所:『中国統計年鑑2014』、国家統計局、第170ページ。2014年のデータは『政府活動報告』、李克強、2015年3月5日。2020年のデータは筆者推計。

る。2014年の農村にはまだ、約7000万の貧困人口があり、農村の貧困発生率は7・2%である（表15参照）。2015年には、全国で1000万人以上が貧困から脱却する見込みなので、「第13次五カ年計画」の間に、6000万人前後を貧困から脱却させなければならない。「取りこぼしがないよう、きっちりと貧困から脱却」させる必要があり、具体的には以下のようにする。３０００万人は産業扶助、１０００万人は移転就業（農村の人口をより労働力を必要としている第二次、第三次産業へ就業させること）、１０００万人は貧困地域からの移転によるものとし、労働能力のない２０００万人は、最低生活保障制度で保障する。

中国の貧困ラインは、１人１日２・19ドルであり、世界銀行による最新の国際標準貧困ラインである1人1日1・9ドル（購買力平価ベースによる）より高い。これは、２０２０年までに、これらの間に属する貧困人口が全て解消されることを意味する。

国際貧困ラインの視点から見てみる。貧困ラインを１人１日２ドルと仮定すると、中国の絶対貧困人口は２０１４年の１・８億人から２０２０年の３０００万人以内に減り、貧困発生率は３％未満になる見込みである（表16参照）。２０３０年までに貧困発生率を３％未満にするというのが世界の目標であるが、中国は、その10年前の２０２０年には、達成できる見込みである。これは、１９７８年から２０２０

表16　中国国際貧困ライン人口と発生率（1990-2020）

年	1.25USドル以下		2USドル以下	
	貧困人口（万人）	貧困発生率（%）	貧困人口（万人）	貧困発生率（%）
1990	69400	60.7	96460	85.0
1993	65066	54.9	94340	79.6
1996	45773	37.4	80600	66.2
1999	45283	36.0	77520	61.9
2002	36095	28.1	64950	50.7
2005	20659	15.8	46970	36.0
2008	16335	12.3	37583	28.3
2010	12336	9.2	31109	23.2
2011	8530	6.3	25061	18.6
2014	4000	3	18000	13.2
2020	0	0	＜3000	＜3

データ出所：世界銀行データバンク、World Bank Open Data、http://data.worldbank.org/。

年までの42年間で、8億以上の貧困人口を全て解消し、14億近い人口が小康社会の状態になるということである。これが達成できれば、中国は、後にも先にもない世界最大規模の貧困減少という奇跡を成し遂げることになる。また、2020年までに、全面的な小康社会を実現するために、必要不可欠な過程であるともいえる。

・健康中国を推進する

国民全体が健康になるような公共衛

生サービスの体系をつくりあげる。世界保健機関（ＷＨＯ）によると、国民全体の健康とは、１人１人が良好な衛生サービスを支払の心配をせずに得られること、と定義されている。これについては、習近平総書記も、「国民の健康なくして、全面的な小康もなし」と述べている。これを実現するには、強力で、効率的な、利便性の良い衛生サービスの体系が必要である。具体的には、基本的な薬や技術サービスが得られ、積極的かつ向上心のある衛生士が十分にいることである。

健康的なライフサイクルのために、生まれる前から高年齢層まで、それぞれの段階に適した投資と政策を実施しなくてはならない。例えば、出産前後には、少なくとも三つの重要な指標があり、それに対して多数の政策を実施する必要がある。その指標とは、①妊産婦死亡率　②新生児死亡率　③乳児死亡率を下げることであり、そのためには、妊産婦の保健の改善が必要である。具体的には、妊産婦の管理システムを作り、産前検査率、産後検診率を管理、チェックする、入院出産率を上げるなどである。また、2012年に98・8%である農村部での入院出産率を高め、母子の安全を、特に保障していかなければならない。

健康発展の重点目標は、平均寿命を延ばすことである。中国は、「第12次五カ年計画」で初めて、平均寿命を主要な経済社会発展の指標とし、寿命を1才延ばす、という目標を明確に打ち出している。現在、中国における健康についての主要な指標を見てみると、「第12次五カ年計画」の目標は、ほぼ達成できている。例えば、2014年の平均寿命は75・8才に延び、平均寿命を1才延ばすという「第12次五カ年計画」の目標は、すでに達成された。これは、2013年における世界の人間開発指数が高いグループの平均的水準である74・5才よりも長い。また、中国のある地区の最高寿命は、世界の最高寿命と同じくらいである。

健康中国の主要な目標は、2020年までに、全国民の健康をカバーする公共サービス体系をつくり、国民全体の健康度を高め、世界一健康な国を作り上げることである。そのためには、都市と農村住民の基本的な医療衛生制度を確立する必要がある。すなわち、今までの公共衛生サービスと医療保障サービスを体系化すること、規範に合う薬品供給の保障体制をつくること、科学的な医療衛生管理体制とシステムをつくることなどが必要である。また、都市と農村における基本的な公共衛生サービスの均等化を進め、誰でも基本的な医療衛生サービスが受けられるようにしなければならない。ほかにも、妊産婦死亡率は10万人中16人以下、乳児の死亡率は７‰（パーミル、千分率）以下、６才未満の子供の死亡率は８‰以下、また、平均寿命は、２０１４年より更に１・３才延ばして77・５才を目指すなど、国民の主要な健康指標を先進国並みのレベルにしていく必要がある（表17参照）。また、全国民のスポーツや健康に対する意識を高め、より多くの国民がスポーツに取り組み、健康的な身体を作れるようにする、全国民が平等に受けられるような健康に関する公共サービス体系を形成する、などが必要である。これも、中国が全面的な小康社会を実現するための重要な指

表17 健康中国主要発展指標（2000～2020）

指標	2000	2010	2014	2020	2010-2014増加率（%）	2014-2020増加率（%）	先進国（2012）
平均寿命（才）	71.4	74.83	76.2（-2015）	77.5	1.4（2010-2015）	1.3（2015-2020）	80
6才未満児死亡率（‰）	32.2	13.1	8.9	7	-4.2	-2.9	6
6才未満児死亡率（‰）	39.7	16.4	11.7	8	-4.7	-4.7	7
妊産婦死亡率（1/10万）	53	30	21.7	16	-8.3	-5.7	16
児童免疫普及率（%）		90	93	95	2	2	94

データ出所：2000～2014年のデータは、『中国統計年鑑2014』、国家統計局、および、『ミレニアム開発目標報告書2014』、UNDP（国連開発計画）、2015年、『The Millennium Development Goals Report 2014』。2015年、2020年は筆者推計。

標の一つであるといえるだろう。

（3）国民性と社会文明度を高める

チャイナドリームと社会主義の価値観を、国民がしっかり持ち、愛国主義、集団主義、社会主義の思想を広めなくてはならない。向上心を持ち、誠実さと信用に基づいた助け合う社会を目指し、国民の道徳心、科学観、健康度を高め、また、社会全体の法治意識を強めていかなくてはならない。

・公共文化サービス体系の基本を作り上げる

文化産業が国民経済において産業の柱となる。中国はすでに、世界最大の文化産業国になっている。2014年の公共文化施設とそのカバー率を見てみよう。ラジオ放送の総人口カバー率は98・0％、テレビの総人口カバー率は98・6％、サービスを受けている人口は13億以上、有線ラジオ、テレビの使用世帯数は2・35億戸で、世帯総数の54・82％を占める。また、公共のテレビ番組は3329本、放送時間は1748万時間、ドラマだけでも毎年23・3万本を放送し、ほとんどが無料、または、わずかな費用で視聴できる。これは、全世界でも極めて珍しいことである。「第13次五カ年計画」の基本的な公共文化サービスについての最重点目標は、農村における有線ラジオ、テレビのカバー率を、現在の1／3から2／3に引き上げることである。また、2020年までに、GDPに占める文化産業の増加額の割合を6％以上、全国の非農業産業総人数に占める文化産業および関連産業の就業人数の割合を6％以上にすることを目指す。

中華文化の影響は継続的に拡大すると思われる。2014年、輸入したドラマ放送数はわずか2900本であり、年間総計放送（約23万本）の1・2％でしかない。ただ、輸入映画の興行収入の割合は45・5％と高い。結論としては、中華文化およびその影響を広めることを主とし、同時に、国外の質の高い文化も吸収し広めることが必要である。また、中央テレビ（CCTV）が世界の主要国家でも放送されるようにし、その場合も、ホテルだけではなく、無料、または、わずかな費用で一般家庭でも見られるようにしなくてはならない。

（4）生態環境の質を全体的に改善する

「第12次五カ年計画」が、中国の緑発展計画の第一部だとすると、「第13次五カ年計画」は第二部だといえる。「建議」では、緑の生産様式と生活様式、二酸化炭素排出の抑制について明確にしている。具体的には、エネルギー資源の開発利用の効率を大幅に高め、エネルギー、および水資源の消費、建設用地、二酸化炭素総排出量を適正にコントロールし、主要な汚染物質の総排出量も大幅に減らす。また、基本的な主体機能区の配置と生態の安全防壁を形成することである。

・エネルギー消費総量をコントロールする

２０１４年、中国のエネルギー消費総量は、標準炭換算42・６億トンであり、「第12次五カ年計画」のエネルギー発展計画に定めた２０１５年の標準炭換算40億トンを、すでに上回ってしまった。国際的に見ると、中国の一次エネルギー消費量は、世界の総量の23・０％も占めており、アメリカ（17・８％）の１・29倍に相当し、世界に占めるＧＤＰの割合よりも大幅に高い（為替レート換算で13・３％、ＰＰＰ換算で16・6％）。これは、中国のエネルギー消費効率が、世界の平均的水準の58％から72％しかなく、明らかに低いことを表している。石炭に関しては、消費総量を厳格にコントロールする必要がある。２０１４年、世界に占める中国の石炭消費量の割合は50・6％、石炭消費総量は標準炭換算42・6億トンもあり、２００５年の標準炭換算26・1億トンより60％も増加した。「第12次五カ年計画」の目標である、標準炭換算40億トンも、すでに上回ってしまったのだ。その最大の原因は、経済成長率が当初の目標より大幅に高かったことである（「第11次五カ年計画」の目標は7・5％だったが、実際には11・2％だった）。ここ数年は、経済成長率の下降に伴ってエネルギー消費の増加率も下がり、２０１５年の増加率は０・９％と近年最低になった。下降の傾向はあるものの、エネルギー消費の増加率を抑制するためには、「第13次五カ年計画」の期間でも引き続き、石炭消費量を厳格にコントロールしていかなくてはならない。具体的には、エネルギー総量に占める割合を、２０１５年の62・6％から

60％に下げ、同時に、石炭から「緑色化」、「クリーン化」、「電力化」されたエネルギーに転換するため、グリーンエネルギー産業の発展に力を入れなければならない。国際エネルギー機関によると、中国は採用されている再生資源技術が最多の国家である。ブリティッシュ・ペトロリアム（ＢＰ）の世界ソースデータベースによると、中国は２０１４年において、世界で最大の水エネルギー国家（世界の総量の27・４％）であり、ほかにも、その他の再生資源（世界の総量の16・７％）、風力エネルギー（世界の総量の22・４％）、太陽エネルギー（世界の総量の15・７％）という状況である。バイオマスエネルギーについては、それほど高くない（世界の総量の２・９％）が、どのグリーンエネルギーにしても、中国には極めて大きい潜在力があると考えてよいだろう。また、直近5年の全世界の再生資源の総電容量の内、中国は１／４を占めており、２０１３年から２０１４年、世界でも新たに増加している中においても、中国は37〜40％を占めている。中国は、21世紀前半にはグリーンエネルギー革命の指導国、革新国、推進国になるかもしれない。現在、最も重要なのはやはり、エネルギーを節約し、エネルギー消費量を持続的に減らしていくことである。また、エネルギー強度（GDP当たりのエネルギー消費量）も16％に下げていかなくてはならない。

・水の総使用量をコントロールする

2014年における中国の水の総使用量は6220億立方メートルにも上り、その内、農業用水は3924億立方メートルで、総使用量の63・1％を占める。そのため、農業用水使用量を効果的にコントロールすることが重要である。工業用水の総使用量はピークに達しているため、今後は下がると思われる。2020年までに、水の総使用量を6700億立方メートル以内にするよう極力努め、1万元当たり工業付加価値の工業用水使用量を65立方メートル以下にし、耕地の灌漑水の有効利用係数を0・55以上にすることを目指す。

・建設用地の総量をコントロールする

建設用地に関しては、最も厳格な用地節約制度を堅持しなくてはならない。都市で建設用地がむやみに拡張するのを防ぎ、建設用地の計画に関しては調整を行い、工業用地の割合を下げ、建設用地の中の生活空間を広げる必要がある。すなわち、都市として効率の悪い用地、工場跡地の再開発の推進、農村集団のための建設用地の規模の厳格なコントロールによって、建設用地の利用効率と開発強度を高めるのである。また、建設用地の単位面積当たりＧＤＰと、人の収容能力を高めることも必要である。

・二酸化炭素の総排出量を効果的にコントロールする

２０１２年以降、中国経済は中高度の成長段階に入り、二酸化炭素の総排出量の消費需要の減少だけでなく、消費増加の弾力性も下がっている。これは、二酸化炭素の増加が低加速段階になっているということで、2012年の二酸化炭素総排出量の増加は2・3％、2013年は2・7％、2014年は0・9％である。2015年には、3・9％減少する見込みであり、それが直接、全世界の二酸化炭素排出量の減少に結びつくだろう。世界炭素計画協力チームによると、2014年における全世界の二酸化炭素総排出量は、ほとんど増加がなく、2015年は0・6％減少するという予測である。中国で大幅に減少する以外にも、2番目、3番目に排出量の多いアメリカとEUでも減少する見込みである。2020年までは、中国の二酸化炭素総排出量の増加率は、依然として1％はあると思われるが、2025年前後が二酸化炭素総排出量のピークになるよう、「第14次五カ年計画」期間中に尽力し、それ以降は、減少させていかなければならない。そのためには、地区開発の合理化を強力に推進するとともに、国家が二酸化炭素排出量の上限値を遵守する必要がある。

・主要な汚染物質の排出総量を大幅に減らす

中国の主要な汚染物質の排出総量は、「第12次五カ年計画」の期間に明らかに減少した。しかし、まだ十分とはいえず、化学的酸素要求量、二酸化硫黄の排出量はどちらも２０００万トン以上ある。これらを大幅に減らさなければ、環境の改善はできない。このため、「第13次五カ年計画」でも、継続して「大幅に減らしていく」必要がある。同時に、汚染物質の対象を拡大する必要がある。例えば、総窒素、総リン、揮発性有機物の排出量も制約性指標とし、強力に環境の質を高めることが重要である。ほかにも、地級市以上の都市のＰＭ２・５濃度を大幅に下げる、優良日の比率を大幅に増やす、「劣Ｖ類」水質の水の割合を下げる、などを目標とし、更に、これらも制約性指標に加え、大気の環境質を改善しなければならない。重点流域と沿岸海域の水の環境質も同様で、重要河川湖水機能区における水質の基準達成率を80％以上にすること、飲用水の安全レベルを上げていくこと、また、土壌の環境質も全体的に安定させることなどによって、環境リスクを効果的にコントロールしていく必要がある。これらを達成するため、国家はすでに「3大戦略」を実施している。まず、「大気汚染防止行動計画（略称『大気10条』）と「水汚染防止行動計画（略称『水10条』）を公布実施した。「土壌汚染防止行動計画「（略称『土壌10条』）は策定中である。これは、2020年までに全国の土壌汚染を抑制することが目標で、具体的な内容は、土壌の環境質を全体的に安定させる、農業用地の土壌環境を効果的に保護する、建設用地の土壌環境の安全を基本的に保障するといったものである。中国の現状は、生態環境が、樽の理論でいう最も「短い板」であり、また、最も長期にわたる問題である。しかし、積極的かつ弁証法的に考えるなら、緑の発展をしていくための、またとないチャンスともいえる。なぜなら、思いきった投資をして緑色発展、緑色投資、緑色工業化を一気に推進していくことができるからだ。「第13次五カ年計画」でも、環境保護に関連する産業の総投資額は10兆元に達すると予想されており、その額は、「第12次五カ年計画」の3倍近くもある。

・主体機能区の配置を基本的に形成する

主体機能区とは、中国の重要な国土計画の一つであり、国土の全体を見据えて、開発、保護するための制度である。まず、中国全土を機能によって、優先開発区、重点開発区、開発制限区、開発禁止区の四つの機能区に分類する。具体的には、まず、設計図と機能区のリストを基にして、全体的な調整をしながら発展と開発の方向を定める。次に各機能区をそれぞれの位置づけに応じて発展および効果の分類をし、異なるタイプの製品（工業製品、農産物、生態関連製品など）の提供を目指す。また、主体機能区の計画を基にして、各機能区の計画を全体的に統括し、「規則の統一性」を進める。

・生態安全防壁を基本的に形成する

２０２０年までに、中国経済の地理的な基本的枠組みづくりをする。一つ目は、「二横三縦」であり、都市化開発重点区域の形成、二つ目は、「七区23帯」であり、農業重点開発区域の形成、三つ目は、「二壁三帯」であり、生態環境保護重点区域の形成（青蔵高原の生態防壁、黄土高原―雲貴高原の生態防壁および東北森林帯、北方防砂帯、南方丘陵山地帯）である。ほかにも、森林被覆率は23％以上、草原の総合植生被覆率は56％、湿原面積は8億ムー（1ムーは1／15ヘクタール）以上を目指す、管理可能な砂漠化地域の50％以上を管理する、自然の海岸線保有率を35％以上にする、生物多様性の喪失速度を基本的にコントロールするなどによって、生態システムの安定性を強め、生態安全のための防壁を基本的に形成していく。

（5）各方面の制度を成熟させ定型化する

中央は「建議」の中で、国家制度建設の総合目標も打ち出した。国家は統治体系、および、統治能力の現代化で大きく進展し、各領域の基礎となる制度システムの基本が形成されるだろう。具体的な目標は、次の通りである。①国民が更に民主的になる。

②法治政府の基本が作り上げられる。③司法に対する大衆の信頼が高まる。④人権が適切に保護される。⑤財産権が有効に保護される。⑥開放型経済の新体制が基本的に形成される。

近年、世界の多極化、経済のグローバル化が一層発展し、国際的な政治経済環境が大きく変化している。このような状況の下では、革新なくして発展はないと思われる。中国の改革開放は新たに始まったところであり、今後は、経済構造が調整され、それぞれの改革が全面的に推進され、経済発展は新常態に入っていく。この新たな情勢、試練、任務に対して、開放型経済に適した計画を統括しながら、開放型経済の新体制を構築し、その体制の構造的な障害を取り除いていかなくてはならない。そして、国内外で相互に解放を促進し、対外導入と対外進出をうまく結びつかせていかなくてはならない。また、主導的に開放を進めることで、経済発展と国際競争の主導権を握り、開放によって改革、発展、革新を促し、開放型経済強国とならなくてはならない。これらは全て、「二つの百年」の目標とチャイナドリームを達成するための、強固な基礎となるのだ。ほかにも、新たな資源構造からなる市場を創立する、経済の運営管理の新しいモデルを形成する、全方位開放という新体制を形成する、国際的な協力、競争において新たな優位性を形成することも必要である。

これらを達成するため、今回の「建議」では、49項目もの重要な制度が提案された。これは、「第12次五カ年計画」の34項目を大幅に上回っている（付表5参照）。

第５章　「第12次五カ年計画」と「第13次五カ年計画」の比較

今回、中央の「建議」では、「第13次五カ年計画」の国家の発展目標、発展戦略、重大なインフラ、重大なプロジェクト、重要な制度が明らかにされ、これらは全て、２０２０年までに「全面的な小康社会を実現する」という一つ目の百年目標達成のための突破口となるものである。この章では、「第12次五カ年計画」と「第13次五カ年計画」を比較してみる。

１、「第13次五カ年計画」における重点目標は、２大総合目標と７大強国の目標である。「第12次五カ年計画」の重点目標は、全面的な小康社会の実現、２大強国、および国家の食糧安全保障であった。「第13次五カ年計画」は、全面的な小康社会実現、国家の統括体制とその能力の現代化という2大総合目標、7大強国、その他二つの目標がある（付表1参照）。

2、「第13次五カ年計画」では、15項目の国家戦略を明確にした。国家の発展戦略について、「第12次五カ年計画」では、12項目であったが、「第13次五カ年計画」では15項目あり、これは、今までの計画の中で最も多い。両者に共通する国家戦略は5項目（開放戦略、地域発展総合戦略、軍事戦略、自由貿易区戦略、人材強国戦略）であり、「第12次五カ年計画」の「科学教育興国戦略」を基本として、「第13次五カ年計画」で更に発展させたものが、「革新駆動による発展戦略」である。また、新しい国家発展戦略は9項目あり、その増加数も今までで最も多い。すなわち、輸出入優位の戦略、ネットワーク強国戦略、国家ビッグデータ戦略、蔵粮于地（土壌の品質を保証）蔵粮于技（科学技術イノベーションによる食糧増産の促進）戦略、軍民融合型発展戦略、就業優先戦略、食糧安全戦略、人口発展戦略、国家安全戦略である（付表2参照）。

3、「第13次五カ年計画」では、23項目の重大なインフラプロジェクトが出された。これは、「第12次五カ年計画」の12項目を大幅に上回っており、中国が全面的に社会的な基礎の現代化を加速していることを反映している。また、世界最大規模であり、現代化したインフラ・ネットワークといえる（付表3参照）。

4、「第13次五カ年計画」では、将来性のある28項目の国家重大プロジェクトが出され、「第12次五カ年計画」の20項目を大幅に上回った（付表4参照）。

5、「第13次五カ年計画」では、49項目の国家の重要な制度が制定され、「第12次五カ年計画」の34項目を大幅に上回った（付表5参照）。

6、「第13次五カ年計画」では26項目の国家の重要な政策が出され、「第12次五カ年計画」の13項目を大幅に上回った（付表6参照）。

つまり、「第13次五カ年計画」では、社会主義制度の優位性を利用し、全国の財力、物資力、人力、そして科学技術力までも集中させ、国家の重大なインフラ、重大プロジェクトを実施していくことになる。これらが達成できれば、中国は各方面で、大きくステップアップすることができ、また、これからの国際競争の中でも、リーダーシップがとれるようになるはずである。

第６章　中間のまとめ　全面的な小康社会の実現

第18期中央委員会第５回全体会議で採択された「建議」は、習近平総書記が最高指導者として、党中央が国を治め、政治を理解するための理念、戦略、配置について筆を振るったものといえる。すなわち「五大発展」という新しい理念、「四つの全面」という戦略、「五位一体」という全体的な配置によって、「全面的に小康社会を実現する」という壮大な青写真が描かれているのだ。これを基に「第13次五カ年計画」を策定、実践していけば、５年後の中国は、各方面で更にステップアップしていると思われる。

それでは、「第13次五カ年計画」はどうあるべきなのだろうか。この最後の章では、「第13次五カ年計画」がどのように策定されるべきか筆者の意見を述べることにする。

「第13次五カ年計画」における経済社会発展の主要目標は、２０２０年までに「全面的な小康社会を実現する」という総合目標を達成することである。習近平総書記が「説明」で述べたように、この総合目標をバックキャスティングし、２０２０年という期限までに必ず達成しなければならない。すなわち、するべきことをきちんと整理し、また緊急かつ重要な問題の解決から着手し、難題を解決するための方法を明確にする必要がある。経済、政治、文化、生態などの目標の設定にあたっては、五大発展理念を土台とするのはもちろん、全体的な調和も不可欠である。また、政府の機能を強化しなければならない。特に、制約性指標の制約権限を強化し、制約性指標を遵守させるため、各級政府が公共資源を自由に利用できないようにする必要がある。

今後、国務院は中央の「建議」を基にして、正式に「第13次五カ年計画」の綱要を起草する。前者はマクロ的な観点、戦略を示したもので、指導性も備えている。後者はマクロ的な観点はもちろん、戦役、戦術も必要であり、処理能力も必要である。つまり、前者は基本的な構想と理念であり、後者は具体的な政策、現実的な措置である。

これらも理解した上で、五大発展理念を土台として「第13次五カ年計画」を策定していかなければならない。

最後に、２０１６年3月、第12期全国人民代表大会第4回会議で、「第13次五カ年計画」の綱要が、正式に採択されることを期待する。一つ目の百年目標を実現するための、「最終的な決戦」「最終的な勝負」「最終的な勝利」への道がここから始まるのだ。

付表１
「第 12 次五カ年計画」と「第 13 次五カ年計画」目標の比較

番号	第 12 次五カ年計画	第 13 次五カ年計画
1	全面的な小康社会の実現	全面的な小康社会の実現
2	国家食糧安全保障システムの整備を主要目標とする	国家の統治体制とその体系の現代化を総合目標とする
3	人才強国	国防・軍改革の目標を基本的に完成
4	創新型国家	優先開発区で率先して炭素排出ピーク値の目標を実現する
5		人才強国
6		創新型国家
7		インターネット強国
8		海洋強国
9		制造強国
10		文化強国
11		貿易強国
合計	4	11

注：資料は筆者が『中国共産党、中央の国民経済と社会発展の「第 12 次五カ年計画』制定 に関する提言」（2010 年 10 月 18 日中国共産党第 17 期中央委員会第 5 回全体会議）および、「中国共産党、中央の国民経済と社会発展の『第 13 次五カ年計画』制定 に関する提言」（2015 年 10 月 29 日中国共産党第 18 期中央委員会第 5 回全体会議）を整理した。

付表２「第12次五カ年計画」と「第13次五カ年計画」国家発展戦略の比較

番号	第12次五カ年計画	第13次五カ年計画
1	互恵WinWin開放戦略の実施	互恵WinWin開放戦略の遂行
2	地域発展総合戦略の実施	輸出入優位の戦略の実施
3	科学教育興国戦略の強力な実施	地域発展総合戦略を基礎とする
4	新時期の軍事戦略の貫徹	ネットワーク強国の戦略の実施
5	自由貿易区戦略の実施の加速	国家ビッグデータ戦略の実施
6	人材強国戦略の強力な実施	革新駆動による発展戦略の強力な実施
7	知的財産権戦略の実施	土壌品質保証、科技創新による食糧増産促進戦略の実施
8	節約優先戦略の実行	軍民融合型発展の戦略の実施
9	主体機能区戦略の実施	新時期の軍事戦略の貫徹
10	海洋発展戦略の制定	自由貿易区の戦略の実施
11	内需拡大（特に消費需給）戦略の実施	就業優先の戦略の堅持
12	対外進出戦略の拡大の堅持	食糧安全戦略の実施
13		人口発展戦略の完全実施
14		人材発展優先の戦略の実施
15		国家安全戦略の実施
合計	12	15

注：資料は筆者が『中国共産党、中央の国民経済と社会発展の「第12次五カ年計画』制定 に関する提言」（2010年10月18日中国共産党第17期中央委員会第5回全体会議）および、「中国共産党、中央の国民経済と社会発展の『第13次五カ年計画』制定 に関する提言」（2015年10月29日中国共産党第18期中央委員会第5回全体会議）を整理した。

付表３「第１２次五カ年計画」と
「第１３次五カ年計画」国家重大インフラの比較

番号	第12次五カ年計画	第13次五カ年計画
1	農村インフラ	新世代情報インフラ
2	農村小型水利施設	水利インフラ
3	次世代国家情報インフラ	道路インフラ
4	都市間交通網	鉄道インフラ
5	通信インフラ	民間航空インフラ
6	電力インフラ	一般航空インフラ
7	給排水インフラ	配管インフラ
8	都市の公共設備	郵政インフラ
9	都市と町の汚水、ゴミ処理施設	都市の地下網改造
10	水利インフラ	電力インフラ
11	危険地区生産、生活施設	電気通信インフラ
12	重大科学技術インフラ	交通インフラ
13		石油インフラ
14		天然ガスインフラ
15		市政の公共設備
16		都市の公共交通施設
17		洪水、水害防止施設
18		農産物流通施設と市場建設
19		金融インフラ
20		農村インフラ
21		軍民共用インフラ
22		内陸境界地区の港とインフラ
23		都市間インフラの相互リンク
合計	12	23

注：資料は筆者が『中国共産党、中央の国民経済と社会発展の「第12次五カ年計画」制定 に関する提言」（2010年10月18日中国共産党第17期中央委員会第5回全体会議）および、「中国共産党、中央の国民経済と社会発展の『第13次五カ年計画』制定 に関する提言」（2015年10月29日中国共産党第18期中央委員会第5回全体会議）を整理した。

付表４「第12次五カ年計画」と「第13次五カ年計画」国家重大プロジェクトの比較

番号	第12次五カ年計画	第13次五カ年計画
1	干ばつ防止水源プロジェクト	国際ビッグサイエンス計画とビッグサイエンスプロジェクト
2	農村安全飲用水プロジェクト	知能製造プロジェクト
3	地域発展総合戦略の実施	新世代の情報通信技術
4	農村道路	高級なデジタル制御装置とロボット
5	農村メタンガス建設	航空宇宙設備
6	農村衛生プロジェクト	海洋工事設備とハイテク船舶
7	産業創新発展プロジェクト	先進軌道交通設備
8	保障性住環境改善プロジェクト	省エネ新エネルギー自動車
9	省エネ重点プロジェクト	電力設備プロジェクト
10	重大生態修復プロジェクト	農機具プロジェクト
11	知能創新プロジェクト	新素材プロジェクト
12	技術創新プロジェクト	生物医薬と高性能医療器械
13	重大人材プロジェクト	マルクス主義理論研究プロジェクト
14	文化恵民（国民に恩恵を与える）プロジェクト	哲学社会科学革新プロジェクト
15	知的財産権戦略の実施	文化遺産の保護
16	節約優先戦略の実行	中華典籍整理プロジェクト
17	主体機能区戦略の実施	重大文化
18	海洋発展戦略の制定	ネットワーク建設プロジェクト
19	内需拡大（特に消費需給）戦略の拡大を堅持の実施	危機的野生動植物の緊急救助性保護プロジェクト
20	対外進出戦略の拡大の堅持	炭素排出ゼロモデル区プロジェクト
21		雨水資源の利用
22		再生水の利用
23		海水淡水化プロジェクト
24		山水林田湖生態保護修復プロジェクト
25		林業重点プロジェクト

番号	第 12 次五カ年計画	第 13 次五カ年計画
26		貧困脱却プロジェクト
27		重大人材プロジェクト
28		危険化学製品と化学工業生産、倉庫安全環境プロジェクト
合計	20	28

注：資料は筆者が『中国共産党、中央の国民経済と社会発展の「第 12 次五カ年計画』制定 に関する提言」(2010 年 10 月 18 日中国共産党第 17 期中央委員会第 5 回全体会議) および、「中国共産党、中央の国民経済と社会発展の『第 13 次五カ年計画』制定 に関する提言」(2015 年 10 月 29 日中国共産党第 18 期中央委員会第 5 回全体会議) を整理した。

付表５　「第１２次五カ年計画」と「第１３次五カ年計画」国家の重要制度の比較

番号	第 12 次五カ年計画	第 13 次五カ年計画
1	健全な農業補助による保護制度	エネルギー安定供給、備蓄制度の改善
2	農村基本経営の堅持、改善制度	国家科学技術政策決定諮問制度の改善
3	土地収用制度改革の推進	農村土地制度改革の強化
4	健全な農業保険制度	農業保険制度の改善
5	集団林権と国有森林区林権の制度改革の推進	最も厳格な耕地保護制度の堅持
6	草原経営請負制度の改善	食糧など重要農産物収集備蓄制度の改善
7	温室効果ガス、省エネ、廃棄物削減の統計監視測定制度	公平競争、企業健全発展促進政策制度の改善
8	生産者責任制度の実行	全国統一市場形成と社会公平正義の現代財政制度促進
9	再生資源回収体系とごみの分別制度の改善	合理的、最適、健全、公平な税制構造、効率的な徴収制度の確立
10	土地管理制度の改善	職権支出責任制度の確立
11	重大環境事故と汚染事故責任追及制度の健全化	全面的な計画性、透明予算制度を確立
12	汚染者罰金制度の創立	株券債券発行取引制度改革の推進
13	科学研究経費管理制度改革の強化	大災害保険制度の確立の加速
14	科学技術成果評価奨励制度の改善	金融マクロ的管理制度確立の強化
15	知的所有権法律制度の改善	国有金融資本及び外貨準備高管理制度の改善
16	教育内容、教授法、質評価、入学試験制度の改革	戸籍制度改革の強化
17	国家出資援助制度の健全化	居住証明制度の実施
18	公務員給料制度の改善	住宅制度改革の強化
19	国家機関所得分配制度改革の強化	軍民融合発展の組織管理運営体系、政策制度体系の健全化

番号	第12次五カ年計画	第13次五カ年計画
20	新型農村社会養老保険制度の完全実施の実現	最も厳格な水資源管理制度の実行
21	都市と町の従業員と住民の養老保険制度の改善、実施	健全な権力、水利権、汚染物質排出権、炭素排出権の開始分配制度の確立
22	国家機関養老保険制度改革の推進	最も厳格な用地節約制度の堅持
23	基本的な経済制度の堅持、改善	耕地輪作、休耕制度の試験的な実行
24	国有資本経営予算と収益分配制度の健全化	最も厳格な環境保護制度の実行
25	行政審査制度改革の強化	環境整備基礎制度の改革
26	政府の業績評価制度の改善	省以下の環境保護機関が法律執行を監視測定する縦の管理制度の実行
27	予算編制管理制度改善の実行	健全な環境情報公布制度
28	税収制度の改革、改善	天然林保護制度の改善
29	逆周期金融のマクロ的な管理制度の枠組構築	自由貿易試験区外商投資届出管理弁法の実行
30	市場需給を基礎とする管理変動為替相場制度の改善	貧困人口資産収益補助制度の模索
31	ペイオフ制度の創立	入学試験制度改革と教育及び授業改革の実行と強化
32	幹部人事制度改革の強化	個人アカウントと履修単位累計制度の確立
33	指導グループと指導幹部の評価制度の健全化	終身職業技能育成訓練制度の推進
34	反腐敗・清廉潔白制度創新の推進	資格評定制度の改善
35		企業給料集団協議制度の推進
36		国家機関給料適応制度の改善
37		公平かつ持続可能な社会保障制度の創立
38		従業員養老保険個人口座制度の改善
39		都市農村住民大病保険制度の全面的な実施

番号	第12次五カ年計画	第13次五カ年計画
40		都市農村基本医療衛生制度及び現代病院管理制度の創立
41		医療業界人事給料制度の創立
42		ドラッグ制度の改善
43		長期看護保険制度創立の模索
44		幹部人事制度改革の強化
45		国民基礎情報ベース及び実名登録コード統一制度の創立
46		重大な社会方策の安定リスク評価制度の改善と実行
47		安全生産責任管理制度の実行
48		安全審査制度の改革
49		国家安全審査制度の改善
合計	34	49

注：資料は筆者が『中国共産党、中央の国民経済と社会発展の「第12次五カ年計画』制定 に関する提言」（2010年10月18日中国共産党第17期中央委員会第5回全体会議）および、「中国共産党、中央の国民経済と社会発展の『第13次五カ年計画』制定 に関する提言」（2015年10月29日中国共産党第18期中央委員会第5回全体会議）を整理した。

付表６「第12次五カ年計画」と
「第13次五カ年計画」国家の重要政策の比較

番号	第12次五カ年計画	第13次五カ年計画
1	消費奨励政策の改善	企業研究開発費用加算控除政策の改善
2	国家重点プロジェクトによる重要技術装置発展政策の改善	普恵性革新体系支持政策の構築
3	財産税金融政策の支持強化	知識価値増加による方向誘導分配政策の実行
4	税金と土地、水、電気など要素価格政策の調整	新型農業経営主体育成政策体系の構築
5	地区互助政策の実行	農業補助政策の改善
6	国情に合う住宅体制構造と政策体系の改善	公平な競争、企業の健全発展促進政策と制度の改善
7	環境保護の科学技術、経済政策の改善	政府調達の革新製品、エコ製品優先使用政策の健全化
8	企業革新と科学研究成果産業化の財産税金融政策の支持を強化	地区政策の改善
9	国家重大人材政策の実行	農民収入増加支持政策体系の改善
10	更に積極的な就業政策の実施	軍民融合発展政策体系の改善
11	一般開業医の長期基本サービス政策の改善	積極的輸入政策の実行
12	産業構造革新とサービス業発展税収政策の改善	対外投資促進とサービス体系政策の健全化
13	独立自主路線で進む平和外交政策の遂行	マクロ経済政策における国際調和の強化
14		低保政策と貧困扶助政策連動の実行
15		更に積極的な就業政策の実施
16		創業補助政策の改善
17		所得格差縮小に有利な政策の実行
18		社会、貧困扶助・困難救済還元税収奨励政策の改善
19		漸進式退職年齢延期政策の発表

番号	第12次五カ年計画	第13次五カ年計画
20		退職労働者医療保険納入政策実行の研究
21		都市と農村住民の医療保険政策の統合
22		1組の夫妻が2人の子を出産できる政策の全面的実施
23		党知識人、民族、宗教、華僑関係の事務などの政策を全面的実行
24		更に開放的な起業家導入政策の実施
25		末端、中西部の人材移動に有利な政策体系の健全化
26		重点領域国家安全政策の実行
合計	13	26

注：資料は筆者が『中国共産党、中央の国民経済と社会発展の「第12次五カ年計画』制定 に関する提言」（2010年10月18日中国共産党第17期中央委員会第5回全体会議）および、「中国共産党、中央の国民経済と社会発展の『第13次五カ年計画』制定 に関する提言」（2015年10月29日中国共産党第18期中央委員会第5回全体会議）を整理した。

■ 著者紹介

胡 鞍鋼（こ あんこう）

1953年生まれ。現在、清華大学公共管理学院教授、同大学国情研究センター長。「第13次五カ年計画」専門家委員会委員などを歴任。各種の専門書、国情研究シリーズなど、80冊以上出版。邦訳に『中国のグリーン・ニューディール』（日本僑報社）、『中国政治経済史論』（日本僑報社・出版予定）などがある。中国国家自然科学基金委員会傑出青年基金の援助を獲得する。中国科学院科学技術進歩賞一等賞（2回受賞）、第九回孫冶方経済科学論文賞、復旦管理学傑出貢献賞などを受賞。

■ 監訳者紹介

日中翻訳学院（にっちゅうほんやくがくいん）

日本僑報社が2008年9月に創設した出版翻訳プロ養成スクール。

■ 訳者紹介

小森谷 玲子（こもりや れいこ）

名古屋生まれ。北海道大学農学部農業経済学科卒業。2004年に中国語の勉強を始め、2006年北京語言大学、2008年北京民族大学に短期留学。2010年より日中翻訳学院で本格的に翻訳を学び始める。その後、法律に関する翻訳業務、中国児童援助団体での翻訳業務に就く。現在も日中翻訳学院に在籍中。

中国の百年目標を実現する 第13次五カ年計画

2016年4月5日　初版第1刷発行

著　者　　胡 鞍鋼（こ あんこう）

訳　者　　小森谷 玲子（こもりや れいこ）

発行者　　段 景子

発売所　　株式会社 日本僑報社

〒171-0021 東京都豊島区西池袋3-17-15

TEL03-5956-2808　FAX03-5956-2809

info@duan.jp

http://jp.duan.jp

中国研究書店 http://duan.jp

2016 Printed in Japan.　ISBN 978-4-86185-222-0　C0036

好評既刊書籍

春草
～道なき道を歩み続ける中国女性の半生記～

裘山山 著　于暁飛 監修
徳田好美・隅田和行 訳

中国の女性作家・裘山山氏のベストセラー小説で、中国でテレビドラマ化され大反響を呼んだ『春草』の日本語版。

四六判 448 頁 並製　定価 2300 円＋税
2015 年刊　ISBN 978-4-86185-181-0

パラサイトの宴

山本要 著

現代中国が抱える闇の中で日本人ビジネスマンが生き残るための秘策とは？
中国社会の深層を見つめる傑作ビジネス小説。

四六判 224 頁 並製　定価 1400 円＋税
2015 年刊　ISBN 978-4-86185-196-4

必読！今、中国が面白い Vol.9
中国が解る 60 編

而立会 訳
三潴正道 監訳

『人民日報』掲載記事から多角的かつ客観的に「中国の今」を紹介する人気シリーズ第９弾！　多数のメディアに取り上げられ、毎年注目を集めている人気シリーズ

A5 判 338 頁 並製　定価 2600 円＋税
2015 年刊　ISBN 978-4-86185-187-2

新疆物語
～絵本でめぐるシルクロード～

王麒誠 著
本田朋子（日中翻訳学院）訳

異国情緒あふれるシルクロードの世界
日本ではあまり知られていない新疆の魅力がぎっしり詰まった中国のベストセラーを全ページカラー印刷で初翻訳。

A5 判 182 頁 並製　定価 980 円＋税
2015 年刊　ISBN 978-4-86185-179-7

同じ漢字で意味が違う
日本語と中国語の落し穴
用例で身につく「日中同字異義語 100」

久佐賀義光 著
王達 監修

"同字異義語" を楽しく解説した人気コラムが書籍化！中国語学習者だけでなく一般の方にも。漢字への理解が深まり話題も豊富に。

四六判 252 頁 並製　定価 1900 円＋税
2015 年刊　ISBN 978-4-86185-177-3

夢幻のミーナ

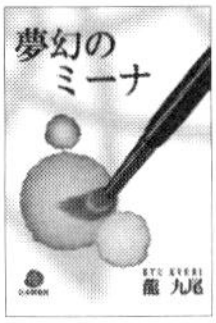

龍九尾 著

不登校の親友のために新学期のクラスで友達を作らず次第に孤立する中学二年生のナミ。寂しさ募るある日、ワインレッドの絵筆に乗る魔女ミーナと出会った。

文庫判 101 頁 並製　定価 980 円＋税
2015 年刊　ISBN 978-4-86185-203-9

現代中国における農民出稼ぎと社会構造変動に関する研究

江秋鳳 著

「華人学術賞」受賞！
神戸大学大学院浅野慎一教授推薦！
中国の農民出稼ぎ労働の社会的意義を、出稼ぎ農民・留守家族・帰郷者への徹底した実態調査で解き明かす。

A5 判 220 頁 上製　定価 6800 円＋税
2015 年刊　ISBN 978-4-86185-170-4

中国出版産業データブック　vol.1

国家新聞出版ラジオ映画
テレビ総局図書出版管理局 著
井田綾 / 舩山明音 訳　張景子 監修

デジタル化・海外進出など変わりゆく中国出版業界の最新動向を網羅。
出版・メディア関係者ら必携の第一弾、日本初公開！

A5 判 248 頁 並製　定価 2800 円＋税
2015 年刊　ISBN 978-4-86185-180-3

好評既刊書籍

NHK特派員は見た
中国仰天ボツネタ&㊙ネタ

加藤青延 著

中国取材歴 30 年の現 NHK 解説委員・加藤青延が現地で仕入れながらもニュースにはできなかったとっておきのボツネタを厳選して執筆。

四六判 208 頁 並製 定価 1800 円+税
2014 年刊 ISBN 978-4-86185-174-2

「ことづくりの国」日本へ
そのための「喜怒哀楽」世界地図

関口知宏 著

鉄道の旅で知られる著者が、世界を旅してわかった日本の目指すべき指針とは「ことづくり」だった！「中国の『喜』」「韓国の『怒』」などそれぞれの国や人の特徴を知ることで、よりよい関係が構築できると解き明かす

四六判 248 頁 並製 定価 1600 円+税
2014 年刊 ISBN 978-4-86185-173-5

必読！今、中国が面白い Vol.8
中国が解る 60 編

而立会 訳
三潴正道 監訳

『人民日報』掲載記事から多角的かつ客観的に「中国の今」を紹介する人気シリーズ第 8 弾！ 多数のメディアに取り上げられ、毎年注目を集めている人気シリーズ

A5 判 338 頁 並製 定価 2600 円+税
2014 年刊 ISBN 978-4-86185-169-8

中国の“穴場”めぐり
ガイドブックに載っていない観光地

日本日中関係学会 編著

中国での滞在経験豊富なメンバーが、それら「穴場スポット」に関する情報を、地図と写真、コラムを交えて紹介する。

A5 判 160 頁 (フルカラー) 並製 定価 1500 円+税
2014 年刊 ISBN 978-4-86185-167-4

日本の「仕事の鬼」と中国の<酒鬼>

冨田昌宏 著

鄧小平訪日で通訳を務めたベテラン外交官の新著。ビジネスで、旅行で、宴会で、中国人もあっと言わせる漢字文化の知識を集中講義！

四六判 192 頁 並製 定価 1800 円+税
2014 年刊 ISBN 978-4-86185-165-0

大国の責任とは
～中国平和発展への道のり～

金燦栄 著
本田朋子 (日中翻訳学院) 訳

中国で国際関係学のトップに立つ著者が、ますます関心が高まる中国の国際責任について体系的かつ網羅的に解析。世界が注視する「大国責任」のあり方や、その政策の行方を知る有益な 1 冊 .

四六判 312 頁 並製 定価 2500 円+税
2014 年刊 ISBN 978-4-86185-168-1

中日　対話か？　対抗か？
日本の「軍国主義化」と中国の「対日外交」を斬る

李東雷 著　笹川陽平 監修
牧野田亨 解説

「日本を軍国主義化する中国の政策は間違っている」。事実に基づき、客観的かつ公正な立場で中国の外交・教育を「失敗」と位置づけ、大きな議論を巻き起こした中国人民解放軍元中佐のブログ記事を書籍化。

四六判 160 頁 上製 定価 1500 円+税
2014 年刊 ISBN 978-4-86185-171-1

「御宅（オタク）」と呼ばれても
第十回中国人の日本語作文コンクール受賞作品集

段躍中 編

今年で第十回を迎えた「中国人の日本語作文コンクール」の入選作品集。日本のサブカルの " 御宅 (オタク)" 世代たちは「ACG（アニメ、コミック、ゲーム）と私」、「中国人と公共マナー」の２つのテーマについてどのように考えているのか？

A5 判 240 頁 並製 定価 2000 円+税
2014 年刊 ISBN 978-4-86185-182-7

好評既刊書籍